英雄は〝なごや〟から羽搏《はばた》く

—信長に天下統一の礎《いしずえ》を与えた驚くべき〝なごや〟の歴史—

服部 徹

目次

まえがき

かつて、参州、参河、三河（愛知県東半部）・尾州、張州、尾張（愛知県西半部）と呼ばれていたこの地は何故か、実に多くの英雄を輩出している。

一方、政治の中心の地は定まらず、時の為政者によって、変遷させられ、尾張もその例外ではない。

古代国府《こくふ》があった国府宮《こうのみや》近くの旧中島郡松下村（稲沢市松下）、その後、守護所が置かれた萱津《かやつ》（あま市甚目寺町《じもくじ》）、下津《おりつ》（稲沢市下津町）と移り、やがて優勢な守護代所がある清須（清須市）へ。そして織田信秀・信長父子の代を経て、尾張徳川氏に至って、政治の中心は尾張の中原〝なごや〟に移ることなる。

では、この〝なごや〟と現在の名古屋城の〝名古屋〟と何が違うのか。

本書は〝なごや〟の生いたちから繙《ひもと》き、〝なごや〟というスポットをベースキャンプとして今まで人がなしえなかった事に挑むという気魄で戦国の世へ羽搏いていった若き織田信長に焦点を当ててみました。

第一章　英雄たちの履歴書

（一）　英雄とは

日本史上、古《いにしえ》から中世、中世から近世に移りかわる激動期、実に多くの武将たちが波乱万丈、有為転変、夢幻の如く浮かんでは消えていった。が、古往今来、そうした世の変革期には強い意志をもった極く限られた人物が運も味方につけ、粒粒辛苦の末、後世に名をはせる。即ち英雄たる所以である。

〝魚には河が見えない。人間といえども歴史の流れの中ではおおむねが魚にひとしいものだろう。

しかし、群魚は凡魚だけの世界でもない。たまにはすばらしい鱗光《りんこう》と腑臓《ふぞう》をもった大物があらわれる。これは時潮にうろたえず、むしろ時潮に乗じておのれを生かす。

つまり、世の中に生かされただけの生命でなく、生きて世の中を駆使した強い生命の持ち主である。

時の巨人とか、英雄とかいうのは、まあ、そうした希少な人物のことだとしてよいのではあるまいか。〟

これは、吉川英治が「近世黎明の三原色」（日本の歴史、七巻）という短文の中で、信長・秀吉・家康について述べているもので、蓋《けだ》し名言である。

　ここで言う英雄とは、尾張生まれの源頼朝・織田信長・豊臣秀吉と隣国の三河生まれの徳川家康である。この四人の英雄たちは、愛知県の尾張平野から三河に展開する区域に生まれている。

　これは偶然といえるものを超えている。

　が、考えてみると、この地は海（海路）と川（水路）に加えて、古代の七道《しちどう》の内、海道《うみみち》の東海道と山道《やまみち》の東山道といった街道が交錯する交通の要衝地であったこと。もう少し具体的に言うと、古代末から中世の初め、庄園と領主を結ぶ貢納の道として、中世に入ると京と鎌倉の往還道（鎌倉街道・東海道）は戦道《いくさみち》・交易道・宗教活動や連歌師などの交通道として尾張を行き交い、最新の情報が得られる地であったこと。更に、中央の京都から程良い距離にあったこと。そういった環境も彼等に影響を与えたのかもしれない。

（二）英雄の〝業績〟と〝生い立ち〟

先ず英雄の〝業績〟である。これは全て簡単明瞭に説明できる。これが英雄の特徴である。

凡そ六二〇年続いた王朝貴族の古代の世から建久三年（一一九二年）征夷大将軍となり、武家政権たる鎌倉幕府を開き中世へ移行させた……「源頼朝」。

永禄一一年（一五六八年）上洛し、天正元年（一五七三年）室町幕府を滅ぼし、三八〇年程続いた中世を打破し、近世の扉を開いた………「織田信長」。

天正十年（一五八二年）信長の本能寺自害の八年後、天正一八年（一五九〇年）、全国統一を果たし、近世を確実なものとした…………「豊臣秀吉」。

慶長八年（一六〇三年）征夷大将軍となり、江戸幕府を開き近世を確立し、二六五年に亘り世を安定させた………………「徳川家康」。

次が英雄の〝生い立ち〟である。その素性は実に様々である。

「源頼朝」は久安三年（一一四七年）、尾張愛智郡の熱田社大宮司館（熱田区）で誕生。

父は清和源氏という武門の棟梁、左馬頭《さまのかみ》源義朝。母は九世紀、清和天皇（八五〇〜八八〇年）の代、正二位、のち正一位という最高の神階が贈られた熱田社、その大宮司藤原季範《すえのり》の娘である。四人の中では、群を抜く家柄である。

生誕地の今の熱田社の西側の妙光山誓願寺境内で池や丘のある附近で幼児期を送った頼朝は十歳頃迄には京都へ移り、平治元年（一一五九年）三月に母を亡くし、十二月の平治の乱の際、紺直垂に源氏重宝のなかで最も珍重された源太産衣《うぶぎ》という鎧を着、白星の兜に髭切の太刀を帯び出陣している。正に代々源氏の惣領としての出で立ちであった。

天下とるまで四五年。落馬がもとで病死。享年五三。

嫡男二代将軍頼家、暗殺。享年二三。次男三代将軍実朝、暗殺。享年二八。源氏の血統絶える。

「織田信長」は天文三年（一五三四年）五月二八日、尾張海東《かいとう》郡・海西《かいさい》郡・中島郡の三郡境の勝幡《しょばた》城（愛西市佐織町・稲沢市平和町）で生まれる。

応永七年（一四〇〇年）頃、越前守護の斯波義重《しばよししげ》が尾張を兼任した時、主従関係にあった織田氏は越前織田庄《おたのしょう》（福井県丹生《にゅう》郡越前町織田《おた》）から尾張に移住し、守護代となり多くの分流を生み出す〔補①〕。

父はこの織田氏の中で、嫡流家からみればかなり早くから分かれた傍流の家柄の出で、尾張の上半分を治める清須城（清須市）の守護代の一家老、織田《おだ》の官途名《かんとめい》弾正忠《だんじょうのじょう》家の信秀《のぶひで》（官途名は家の嫡男に世襲される官職名）。母は海東郡土田《つちだ》（清須市土田）の土田政久の娘。

勝幡城で幼児期を送った信長は、八歳頃、尾張愛智郡〝那古野城〟（中区）へ移る。〝那古野城〟については後述する。

天下をとるまで三九年、家臣明智光秀の急襲により本能寺で自害。享年四九。

同日、嫡男信忠自害。享年二六。

「豊臣秀吉」は天文六年（一五三七年）二月六日、尾張愛智郡中中村《なかなかむら》（中村区）の百姓家に生まれる。

父は（木下）弥右衛門、母はなか。一六歳でわずかな永楽銭をふところに、中村の家を出て放浪の旅に。いつ頃信長に仕官したかは不明なるも、少なくとも永禄三年（一五六〇年）五月の桶狭間合戦より以前と考えられる。

天下とるまで五三年。病死。享年六二。

一七年後、嫡男秀頼自害。享年二三。


「徳川家康」は天文一一年（一五四三年）一二月二六日、三河岡崎城（岡崎市）で生まれる。

父は三河加茂《かも》郡松平郷（豊田市）発祥の豪族を祖にもつ宗家《そうけ》の八代松平広《ひろ》

忠《ただ》。母は緒川《おがわ》城（知多郡東浦町）の水野忠政の娘、於大《おだい》。

織田氏の圧迫を免れる為、今川氏の人質となるべく駿府に向かう途次、六歳の竹千代（家康の幼名）は策略にあい織田氏の人質となり、天文一六年（一五四七年）八月から天文一八年（一五四九年）一一月まで〝なごや〟で監護される。この間、父広忠は家臣に暗殺される。その後、今川の人質となり、完全に解放されるのは一八歳の桶狭間の合戦を待たねばならない。

天下とるまで六〇年。病死。享年七五。

祖父清康、父広忠、共に家臣に暗殺される。各々享年二五と二四。嫡男信康、自害。享年二一。

ここで英雄たちの履歴書は終わるところであるが、一人洩れているのにお気づきであろう。足利尊氏《あしかがたかうじ》である。古来、天下を平定した武将たる英雄は〝五君〟といわれているからである。

「足利尊氏（高氏）」は嘉元三年（一三〇五年）生まれ。初名、高氏《たかうじ》。父は足利貞氏《さだうじ》。母は上杉頼重《よりしげ》の娘・清子《きよこ》。鎌倉幕府の有力武将で上総《かずさ》（千葉県）の守護。後醍醐天皇（一二八八〜一三三九年）の建武の中興（建武元年（一三三四年））に大功。のち、天皇に対抗し、暦応元年（一三三八年）征夷大将軍となり、室町幕府（信長により滅亡するまで二三五年続く）を開き、武家政権を確立。

そもそも、足利氏の祖は、清和源氏、源義家の孫、足利義康《よしやす》。妻は熱田社大宮司範忠《のりただ》（季範《すえのり》の子）の娘。即ち足利の祖は源頼朝と義兄弟である。家柄の格式は頼朝と同格。

天下とるまで三三年。背中にできた腫れ物がもとで病死。享年五四。

〔補①〕
尾張初の守護代は織田常松《じょうしょう》で京で守護を補佐。実際、守護所のある下津《おりつ》（稲沢市）で領国を仕切ったのは織田常竹《じょうちく》守護又代《まただい》であった。

（三）　英雄五君の共通点

以上が英雄五君の概略であるが、五君に共通する点はないか。

共通点は〝熱田社〟である。熱田神宮と記さないのは、本来、神宮と呼ばれるものは伊勢の神宮だけだからである。熱田神宮・明治神宮・橿原神宮などは神宮号を称するが、格式上は全て神社であり、神宮とはそれらの上に立つ神社の本宗とされる特別の格である。

扨、熱田社は古代の英雄、日本尊命《やまとたけるのみこと》と深くかかわっている〔補②〕。英雄が英雄を呼ぶのか。その五君と熱田社との縁は次の通りである。年代順に追ってみる。

「源頼朝」はその出目からであろう。治承四年（一一八〇年）八月、伊豆で兵を挙げるにあたり、八幡、若宮についで熱田八剣などに祈りを捧げ、平家追討が緒に就いた元暦元年（一一八四年）七月、早速鶴岡八幡宮の境内に熱田社を創建するなど、熱田本宮に対して早くから崇敬の心を示し、建久元年（一一九〇年）と建久六年（一一九七年）七月の二度の上洛の途次、〝外戚の祖神〟たる熱田社の神前に深く額突《ぬかづ》く頼朝の姿があった。

「足利尊氏」は建武二年（一三三五年）一二月、兵を集め西上する途次、熱田社の加護を求め権宮司田島氏に祈祷を託し、南北朝分裂直後の建武四年（一三三七年）二月には熱田社の大宮司季氏《だいぐうじすえうじ》に熱田社の警固を命じている。

その後、歴代の足利将軍や一族は数々の神宝・神馬・刀剣などを献進しており、特に四代義持《よしもち》による造営と正遷宮、六代義教《よしのり》による参詣〔補③〕、八代義政《よしまさ》による造営と遷宮、十代義稙《よしたね》による造営など、源氏以来の足利の祖の血筋がそうさせているのであろうか。そこには熱田社に対する崇敬の心がみられる。

「織田信長」は父の代から熱田社の大宮司とは縁が深い。

天文一三年（一五四四年）八月、信秀が斎藤道三の美濃へ侵攻した際、従軍していた大宮司千秋季光《せんしゅうすえみつ》は戦死。その子で、永禄三年（一五六〇年）五月一九日、桶狭間の合戦の折、信長が遠望する中、壮烈な戦死を遂げた大宮司季忠《すえただ》。そして、後の天正三年（一五七四年）正月、信長は季忠の忘れ形見の一五歳の千秋喜十郎季信《すえのぶ》を前にして、万感胸に迫るものがあったであろう。

〝熱田大宮司は神祇伯《じんぎはく》に準じ重い職である。三代に渡って、今、胤が絶えようとしている。今後、軍事に携わることを止め、大宮司の職を守ること。〟と命じ、大宮司領證文を与えている。

信長は、桶狭間の合戦の戦捷を祝し本宮を巡る土・石炭・油で練りかため瓦を厚く積み重ねた瓦築地《かわらついじ》の土塀、いわゆる〝信長土塀〟、元亀二年（一五七一年）熱田社海上門改築、熱田社摂社高座《たかくら》結《むすび》御子《みこ》神社の造営用に銭五千疋などを寄進している。

天正三年（一五七四年）には、熱田社修復などがみられ、その他、元亀三年（一五七二年）二月一八日には、家臣の鳴海城主佐久間信盛による渡用御殿の再興が行われている。

「豊臣秀吉」は天正一九年（一五九一年）、修理遷宮。母〝なか〟の参詣。文禄二年（一五九三年）、大宮司千秋季信の願い出による本宮正殿の上葺《じょうぶき》を行う。慶長二年（一五九七年）、焼失した神宮寺の建立を命じる。慶長三年

（一五九八年）六月七月、秀吉の病気平癒の祈願米五百石奉献。

嫡男秀頼も加藤清正に命じ慶長五年（一六〇〇年）、鎮皇門造立。

「徳川家康」は慶長四年（一五九九年）、本宮以外の社殿の多くが火災にあい、熱田社別宮八剣宮拝殿・廻廊・築地を修造する。

〔補②〕
熱田社は御霊代《みたましろ》（御神体）として八咫鏡《やたかのかがみ》・八坂瓊曲玉《やさかにのまがたま》とならぶ三種の神器《じんぎ》の一つ、草薙神剣《くさなぎのみつるぎ》を祭り、天照大神《あまてらすおおみかみ》・素戔嗚尊《すさのおのみこと》・日本武尊・宮簀媛命《みやすひめのみこと》・建稲種命《たけいなだねのみこと》をあわせ祭っている。

　特に、第十二代景行天皇により東夷征討を命ぜられた皇子、日本武尊は伊勢の神宮で斎王《いつきのみこ》の倭姫命《やまとひめのみこと》から神剣を授かり征討の途次、尾張国造《くにのみやつこ》乎止与命《おとよのみこと》の館（現、氷上姉子《ひかみあねご》神社の元宮跡、緑区大高町の火上山山頂近くの地）で乎止与命の子、建稲種命を一軍の将として従え、乎止与命の娘宮簀媛命を妃とする。

　日本武尊が蝦夷《えぞ》を平定し、近江伊吹山賊徒討伐の後、病により伊勢能褒《のぼ》野《の》で亡くなると、宮簀媛命はあずかっていた神剣を吾湯市《あゆち》の熱田の地に社を建て、これに神剣を移したとされる。即ち、宮簀媛命は熱田社創祀への道を開いたのである。

（「熱田神宮」「熱田神宮摂社氷上姉子神社の栞」）

〔補③〕

永享四年（一四三三年）九月一三日、富士山見物の途次のこと。

富士山見物は幕府との関係が険悪化した関東公方《くぼう》足利持氏に対する示威行動であったとされる。この時、義教は尾張の守護所下津に宿泊し、妙興寺などに立ち寄ったとされ、連歌会も催された。沿道にあたる尾張・遠江の守護斯波義淳《よしあつ》は守護代以下に準備を指示し、尾張では又代が緊張感を持って用意に専心したことであろう。

〝万人の恐怖〟と評された義教は嘉吉《かきつ》元年（一四四一年）六月二四日、赤松満祐《みつすけ》により京の自宅に招かれ暗殺される（〝嘉吉の乱〟）。

義教は五代義量《よしかず》が過多の飲酒で早世したのち、くじ引きで将軍になっていた。

第二章　英雄信長の基を築いた先祖たち

天下を平定した五君の武将の中で、古《いにしえ》から尾張〝なごや〟と呼ばれる地から羽搏いたのは織田信長だけである。

その所謂〝なごや〟については第三章で述べることにして、ここでは織田弾正忠家がどのような経過を辿り、やがて信長が〝なごや〟から羽搏く基を築いたか。ここから繙《ひもと》いてみたい。

応仁元年（一四六七年）以来、一一年に及んだ応仁・文明の乱も文明五年（一四七三年）、西軍方の山名持豊（宗全）・東軍方の細川勝元の病死を経て、文明九年（一四七七年）一一月一一日、西軍方の諸将は京の陣所を引き払い帰国。中央の戦いは終息した。が、東西軍に分かれた守護・守護代の家督争いが尾張では続いていた。

しかし、文明七年（一四七五年）から始まった戦乱も文明一一年（一四七九年）には和議が成立し、尾張北部は五条川西岸の岩倉城（岩倉市）に拠って、守護代の織田敏広《としひろ》が、尾張南部は同じく五条川西岸の清須城（清須市）に拠って、守護代の織田敏定《としさだ》が、各々支配することになる。

尚、分割支配は八〇年後、信長が岩倉城を攻め落とすまで続く。

（一）信長の曾祖父、織田弾正忠良信《だんじょうのじょうすけのぶ》（曹洞宗の法名は材岩《ざいがん》或いは西巌）の登場

戦乱を乗り切った良信は、文明一四年（一四八二年）、清須の守護代敏定の命で尾張領における甲斐身延山久遠寺《みのぶさんくおんじ》と京六条本圀寺《ほんごくじ》の本末をめぐる争いを解決するために、清須城内で法論をたたかわせた折、法論判定の三奉行者の一人として名を連ねている。信長の先祖の登場である。

尾張の戦乱、度重なる岩倉・清須の争乱の中で、良信は長島山《ちょうとうざん》妙興報恩禅寺（妙興寺）領の花井・朝宮（以上、一宮市萩原町）、矢合《やわせ》・鈴置・吉松（以上、稲沢市）などを押領し、中島郡地域に勢力を張っていた。何と九代将軍

足利義尚や守護代敏定が安堵していた妙興寺領を手に入れていたのである。良信の強《したた》かさがうかがえる。

〝ここに、弾正忠家の経済基盤の第一歩が確立される。〟

（二）信長の祖父、織田弾正忠信貞《のぶさだ》（定）（法名は月巌）の登場

永正年間から大永の初め頃（一五〇四〜一五二一年）、信定は三宅川と支流の自然河川をうまく利用し、四方に惣堀をもった惣構《そうがまえ》をもつ、東西に二重堀を巡らせた平城の勝幡《しょばた》城（南北一四〇メートル・東西一〇〇メートル）を築いた。中島郡領の南方の津島に狙いを定めていたからである。

勝幡城は津島から清須に至る街道上にあり、伊勢湾に注ぐ三宅川など木曽川の支流を利用できる陸上・水上の交通の要衝地にあった。

永正一三年（一五一六年）一二月一日、信貞は清須の守護代織田達勝《みちかつ》が中島郡妙興寺領を安堵した文書に副えられている奉行人《ぶぎょうにん》連署奉書に三奉行の一人として名を連ねている。信長の祖父の登場である。

信貞は大永四年（一五二四年）の夏、津島牛頭《ごず》天王社により繁栄する門前町と伊勢湾の海運と木曽川の水運の要・津島湊を有する津島を勝幡城から出撃、攻略する。

〝ここに、弾正忠家の経済基盤の第一歩が確立される。〟

（三）　信長の父、織田弾正忠三郎信秀（法名は桃巌《とうがん》道見）の登場

大永六年（一五二六年）四月、信秀は津島を訪れ、旅宿にいる連歌師柴屋《さいおく》軒《けん》宗長を訪ね、礼物を送り、連歌興行に参加している。このことは、〃（津島の）領主織田霜台《そうだい》（弾正忠の別称、信貞）息《そく》の三郎（信貞の嫡男三郎信秀）、礼として来臨、折紙などあり、宿所興行〃と「宗長手記」（カッコは補足説明）にある。

永正九年（一五一二年）生まれの、僅か一五歳の信長の父信秀の登場である。

恐らく信貞が病を得ていた為、信秀は一人で七九才の著名な文化人の宗長（文安五年一四四八年～一五三二年天文元年。享年八五）に会い連歌の会にも参加していたのであろう。誠にその度胸の良さが伝わる。

これより三、四年程経ち、父信貞・母いぬいを相次ぎ亡くした信秀は、天文元年（一五三二年）と天文五年（一五三六年）の尾張の〝取合《とりあい》〟（争乱）を見事収束させると、守護・守護代、諸武将を凌ぐ尾張一の実力者として躍り出る〔補④〕。

そして天文七年（一五三八年）、信秀は〝那古野城〟攻略を果たす。これは応仁の乱後の尾張最大事件で、二二年後の桶狭間の合戦と共に後の信長の成果を考えると、歴史の転換機といえる。信秀もその子の信長も、各々二七歳の時のことである。

この攻略により、信秀は海・陸交通の要衝である熱田社の門前町と熱田湊の熱田を支配する。〝ここに弾正忠家の経済基盤の第三歩が確立される。〟

いずれにしても、後、信長を英雄へ飛躍させる〝那古野（なごや？）〟がここに登場した訳である。

次章の三章では愈々《いよいよ》この〝なごや〟の生い立ち更に四章では那古野など様々な用字を〝なごや〟と読むのかについて触れる。

〔補④〕

公家権大納言山科言継《やましなときつぐ》（一五〇七～一五七九年）の「言継卿記」の天文二年（一五三三年）八月七日の条によると、天文元年（一五三二年）、小田井（清須市）の城主で信秀と同じく守護代下の三奉行の一人で、伯父織田藤左衛門・守護代織田達勝の連合軍に対し、信秀は争乱となり、その年のうちに和談となる。信秀はこのデビュー戦で勝利した模様。

本願寺第十世証如の「天文日記」一月七日条によると、天文五年（一五三六年）、石山本願寺の有力直参寺荷上《にのうえ》興善寺の一向門徒衆と合力して支持を得ようとした織田藤左衛門に対し、守護代織田達勝・信秀の連合軍は勝利し、翌年の天文六年（一五三七年）四月頃には争乱は終息した。

第三章　尾張国那古野庄・那古野の登場

扨、那古野という地が史料上初めて登場するのはいつの時代か。また、抑もその地はどこにあったたか。この二点について触れてみたい。

時は平清盛が保元・平治の乱を乗り切り、仁安二年（一一六七年）太政大臣となり、その勢い旭日昇天の頃のことである。

これに対し、後白河天皇は二条天皇に譲位し、上皇として院政を始めていたが、嘉応《かおう》元年（一一六九年）入道して法皇となり、延暦寺や東大寺の僧徒の利用などで近臣を強化して清盛に対抗していた。

丁度その頃、かつて白河・鳥羽両院の寵臣で〝夜の関白〟と異名を馳せ、権勢を誇った葉室《はむろ》中納言顕隆《あきたか》、その子孫で東大寺別当の小野法師藤原顕恵《あきさと》なる人物が姪で後白河法皇の女御にして高倉天皇の母である建春門院平慈子《たいらのしげこ》に尾張の中原にある台地の北部地域の一部を開発して庄園化し、その領主権を寄進したのである。この平慈子の姉は、清盛の妻・時子である。

開発領主の顕恵の狙いは勿論、権勢の庇護であった。

安元二年（一一七六年）建春門院が亡くなると、その領は女院を葬った建春門院法華堂を本所とする皇室領となり、少なくとも南北朝迄はその子孫が領家職を相続し、法華堂に年貢が送進されていた〔補⑤〕。

以上のような顕恵と建春門院に係わる庄園の寄進の物語は、建春門院が亡くなってから凡そ一一〇年後、この皇室領の相続争い〔補⑥〕が起こり、その時訴人（原告）から幕府に提出された「建春門院法花堂領尾張国那古野庄領家職相伝系図《けんしゅんもんいんほっけどうりょうおわりこくなごやのしょうりょうけしきそうでんけいず》」〔補⑦〕によって明らかになる。と同時に、〝那古野〟という地名がこの史料によって初めて登場する。

更に、〝那古野〟を〝なごや〟と読んでいたかである。それについては次章で触れることにする。

尚、那古野庄の庄域と庄がどこにあったかについては〝現在の名古屋市中区三の丸・丸の内周辺の熱田台地北部を含んでいたと考えられている〟（新修名古屋市史第二巻）。

一方、この那古野庄が成立する凡そ二六〇年程前の延喜一一年（九一一年）には洪積地の熱田台地北部の小高い段丘に醍醐天皇（八八五〜九三〇）の勅命により勧請《かんじょう》された天王社とその別当の神宮寺たる真言宗の天王坊・亀尾山《かめのお》安養寺華王院がみられ、恐らく門前には集落があり、町場が形成されていたと考えられる〔補⑧〕。

しかし、水田が可能な周辺低地の沖積地と違って、洪積台地には若干の畑地があったほかは、未開発だったと考えられる。これに目をつけた顕恵に協力した在地の有力開発者・庄官などについての史料が発見されれば、那古野の謂われ、庄域などが一層明らかになることであろう。

〔補⑤〕

後白河法皇の発願により、その離宮を平清盛が長寛二年（一一六四年）に三十三間堂（京都蓮華堂王院）として創建する。その東に建春門院法華堂はあった。

〔補⑥〕

鎌倉末期、建春門院皇室領が婚姻によって美濃源氏の一族、三河足助《あすけ》氏に伝領されていた。が、八代執権北条時宗の没後、弘安八年（一二八五年）一一月の〝霜月騒動〟（弘安合戦とも安達泰盛の乱とも）と言われる幕府内権力争いで鎌倉幕府創設以来の御家人・安達氏が滅亡。安達氏に味方していた足助（重房《しげふさ》）の所領、那古野庄が没収され、そのことに端を発した相続争いである。

〔補⑦〕

東洋文庫蔵、大江匡房《まさふさ》（九五二〜一〇一二年）の有職《ゆうそく》故実書「江家次第《ごうけしだい》」（康和二年（一一〇〇年）の著作）の写本裏書（紙背文書）のなかに、この相伝系図の一通がある。尚、匡房は神童と呼ばれ、詩文・和歌をよくし、その博識は群を抜く。「江家次第」は故実書の手本とされる。

〔補⑧〕
熱田台地は尾張平野南東部の名古屋市域のほぼ中央に位置する洪積台地で、北端の名古屋城から南端の熱田社の南北七キロ、堀川から地下の東西五キロある。台地上の上町《うわまち》と呼ばれる栄付近の標高は一二メートルである。

第四章　今川那古野氏の登場

（一）　那古野庄の崩壊

鎌倉末期、那古野庄相続争いは前章でみたが、それは庄園制崩壊の始まりの一例に過ぎない。

元々、予兆は源頼朝による守護・地頭から始まり、承久三年（一二二一年）の承久の乱で幕府が圧倒的勝利を得たことで崩壊が加速し、尾張では執権北条時宗によって鎌倉円覚寺に寄進された富田庄（海東郡）も他の庄園同様鎌倉末期から激しい所領争いにさらされ、これに乗じて、守護職らが次から次へと庄園を支配していった。

ここで気になるのが那古野庄である。結論を急ぐと、いつの間にか那古野庄の地は、名児耶氏一族の手に落ちている。あの三河の足助一族との関係か所有に至った経緯は不明である。恐らく力尽くで奪い取ったのであろう。

（二）今川那古野氏の登場
―これより〝なごや〟は二世紀に亘り、今川一族の領土になる―

足利の祖、義康については第一章（二）で述べた。その義康から三代目の義氏の時、庶流の系統の孫、国氏《くにうじ》が三河国幡豆郡今川庄（西尾市）を本拠としたことから今川氏の祖となり、ここから今川氏の歴史が始まる。

今川国氏の曾孫今川了俊《りょうしゅん》（貞世）が著述した今川氏の歴史書「難太平記」によると、〝国氏は娘の一人を名兒耶（那古野）氏に嫁し、名兒耶氏を国氏の嫡男基氏《もとうじ》の養子にして、名兒耶氏を今川の連枝（一門）とした。

更に、建武年間（一三三四〜一三三八年）には、御所（将軍足利尊氏）に申し入れて、名兒耶氏は御一流（足利一門衆）と認められた。〟とある。具体的にいうと、暦応《りゃくおう》元年（一三三八年）今川三代範国《のりくに》は美濃の〝青野原《あおのがはら》の戦い〟（現、岐阜県不破《ふわ》郡垂井《たるい》）で南朝方の北畠顕家《あきいえ》を敗退させたとして尊氏から激賞され、駿河・遠江の守護を与えられる。この時、〝名兒耶〟が今川宗家と同じ足利一門衆となり、ここに〝今川那古野氏〟が登場したとされる。

いずれにしても、これより〝なごや〟は二世紀に亘り、駿河（静岡県）今川一族の領土となる。

尚、後、足利尊氏と弟直義の対立による南北朝の北朝の内紛、観応二年（一三五一年）の〝観応の擾乱《じょうらん》〟で大功をなし、範国は遠江、嫡男範氏《のりうじ》は駿河の各々守護となる。

（三）今川那古野氏、活躍す

室町幕府初代足利尊氏から今川氏と同じ〝御一流〟と認められた今川那古野氏は以後、足利一門衆として将軍警固に奉公し、命を捧げることになる。

一方、那古野の地は尾張の守護が誰になろうとも幕府直轄地であり、守護の手が及ばない地であった。
以後、史料にあらわれる今川那古野氏の動向を順を追ってみてみよう。
○建武二年（一三三五年）一二月、〝今川名兒耶三郎入道〟は駿河国〝手越《てごし》河原《かわら》の戦い〟（現、静岡市駿河区手越原）で、今川三代範国に従い戦死（「難太平記」）。
○応永六年（一三九九年）、〝今川奈古屋氏〟は足利奉公衆の名簿である諸番帳の中にみえる小番衆二頭として、三代将軍足利義満の命を受け、謀反を起こした有力守護大名大内義弘方を丹波で撃退の際に戦死（「応永記」）。
○永享三年（一四三一年）七月、〝那古野今川左京亮《さきょうのすけ》殿代〟は室町幕府の奉行人の連署奉書に逃散百姓をかくまうことを禁ずる命を受けている。尾張守護とは別に独立して幕府から直接命令を受けていることが注目である（「御前落《ごぜんらっ》居奉書《きょほうしょ》」）。
○永享五年（一四三三年）七月、〝今河下野守所領の尾張那古野〟にて、京から駿河へ赴任する駿河新守護八代今川範忠《のりただ》の姿を見ることができる。今川下野守は後継問題で幕府と駿河今川家との仲介を勤めた（醍醐寺三宝院門跡満済准后《まんさいじゅごう》「満済准后」）。
○文安年間（一四四四〜一四四八）、〝今川下野入道〟が在国衆（那古野に在国して将軍の命で京に駆け付ける将軍警固の奉公衆）として、番帳に一番衆として記されている（「文安年中御番帳」）。
○長享元年（一四八七年）九月、〝尾州名護屋殿〟は人数五〇ばかり引き連れ上洛し、近江六角氏攻めに向かう九代将軍足利義尚《よしひさ》に従い出陣（「相国寺塔頭《しょうこくじたっちゅう》鹿苑院《ろくおんいん》蔭涼軒主《いんりょうけんしゅ》「蔭涼軒日録《いんりょうけんにちろく》」）。
その後も、今川那古野氏は延徳三年（一四九一年）から明応元年（一四九二年）にかけて十代将軍足利義材《よしき》（後の義尹《よしただ》・義稙《よしたね》）の近江六角氏攻めに参陣。更に明応二年（一四九三年）二月には、河内畠山基家を攻める為出陣した将軍義材に参陣していることが〝御番帳〟に記され、一番衆として今川大夫判官《だゆうほうがん》（今川国氏）の名がみられる。結局、これが今川那古野氏の最後の参陣となった。

この様に今川那古野氏の活躍振りがみられるが、やがて周辺の情勢が悪化し、今川那古野氏は苦境にたたされる。

ここで、〝那古野〟〝名兒耶〟などの読み方について触れたい。即ち、〝なごや〟と読むのかである。

今川那古野氏の活躍を様々な史料で見てきたように、実に色々な用字が見られる。しかし、共通する読み方は〝なごや〟以外にないと判断できる。

それを決定付けるのが天文五年（一五三六年）三月の伊勢御師が売却した証文に〝尾張国なこや一円なこや殿〟と平仮名で記されていたことである。詳細は第五章（二）の織田信秀による那古野城攻略の章で触れるとして、最早〝なごや〟読みしかないことがわかる。

（四）今川那古野氏、苦境にたつ

明応二年（一四九三年）四月の細川政元のクーデターによる政変で足利将

軍家は分裂し、抗争状態になり、奉公衆は分裂し、奉公衆の体制は瓦解した。

そして間もなく、今川那古野氏〝没落〟か、そんな噂が京で流れ始めた。

その噂の元は、〝禁裏《きんり》御料所尾張国井戸田《いどだ》の事、近年名越《なごや》御代官職の処、没落の後、一向京進無く候〟と記された公家三条西実隆《さねたか》の永正二年（一五〇五年）一〇月二二日の日記「実隆日記」による。

今川那古野氏の当主今川兵部大輔国氏《ひょうぶだゆうくにうじ》は、那古野に近接する愛智郡井戸田（瑞穂区）の禁中女官長橋局《ながはしつぼね》（勾当内侍《こうとうないし》。天皇への取次を担当する女官の長）の領を代官として預かり、年貢を誓約により京へ届けていたが、文亀元年（一五〇一年）頃から年貢が届けられなく、今川国氏は没落したと京都にまで聞こえていたという。その原因は、智多郡緒川《おがわ》（知多郡東浦町）と三河苅屋《かりや》（刈谷市）に勢力を張っていた水野氏が井戸田に進出したことによるものであったようである。

が、今川那古野氏にとって、年貢のことよりもっと深刻な事態が発生していた。それは、今川那古野氏の宗家、駿河今川氏と尾張斯波氏の二三年も続く遠江国の争奪戦である。

第四章（二）で見てきたように、今川範国・範氏父子は〝青野原の戦い〟（暦応元年（一三三八年））に続き、観応二年（一三五一年）の〝観応の擾乱〟の大功で、足利尊氏から遠江が与えられていた。

ところが、その遠江が応永七年（一四〇〇年）、大永の乱で功あったとして越前・信濃守護の斯波氏に尾張とともに与えられてしまう。遠江を斯波氏に奪われたとする今川氏の残念無念な思いは激しい怒りとなり、以降遠江国の奪取は今川氏の悲願となった。

今川氏による遠江奪取は、範氏から四代後の義忠《よしただ》が先鞭をつけ、義忠と北川殿（小田原の後北条の始祖北条早雲の姉妹）の嫡男の氏親《うじちか》の時、本格化。明応三年（一四九四年）、早雲を軍師とした氏親軍は遠江を制圧。更に、三河へ進攻しようとしていた。

今川那古野氏の没落の噂が流れていた丁度その頃、今度は尾張斯波氏が氏親に奪われた遠江の回復に向け攻撃に出る。が、二年後の文亀三年（一五〇三年）末、斯波氏の軍勢を遠江から一掃した氏親は、十代将軍足利義尹《よしただ》から遠江守護を任じられ、遠江は名実ともに今川氏の支配下に置かれた。

一方、遠江を尾張の分国と考えていた斯波氏は、義達《よしみち》が新守護となるや、永正七年（一五一〇年）遠江回復の為、反撃に出る。しかし、永正一四年（一五一七年）完敗し、降伏した義達は今川と同じ足利一門故と一命を助けられ、出家姿にさせられ、尾張へ送還され遠江争奪戦に終止符が打たれた。

このような情勢の中で、駿河今川氏を宗家とする今川那古野氏が独立国とはいえ尾張の中で苦境にたたされるのは推して知るべし。

が、今川了俊の「難太平記」に記された〝名児耶（那古野）氏〟に続く〝今川那古野氏〟は尾張の為政者が推移していく中で、あくまで足利一門衆という地位を顕示し、中立を押し通し、堅忍不抜の信念で歳月を送っていたようである〔補⑨、⑩〕。

〔補⑨〕

尾張国為政者の推移

古代　　　：国造《くにのみやつこ》の尾張氏。壬申の乱（六七二年）の時、国守・小子部連鉏《ちいさこべむらじさ》鉤《ひち》。

八世紀初　：国守・佐伯宿禰大麻呂《さえきすくねおおまろ》。

一一世紀初：国司・大江匡衡《まさひら》（九五二〜一〇一二年）、は三度も任命され民政に功。

一二世紀中：尾張守・源為義（一〇九六〜一一五六年　義朝の父）。

平氏政権期：平清盛の異母弟・平頼盛が尾張守となり、次いで平重盛・保盛と続く。

中世鎌倉期：文治元年（一一八五年）、全国に守護・地頭設置される。守護・武蔵横山党の小野成綱。守護所は萱津《かやつ》（あま市甚目寺《じもくじ》町）に置かれる。

承久三年（一二二一年）、承久の乱後、守護・小野成綱の従兄弟の中条家長で、加茂郡西部高橋庄の地頭も兼務。

正応三年（一二九〇年）～正和三年（一三一四年）、守護・北条一門の名越《なごえ》氏。

室町期

：暦応元年（一三三八年）、守護・中条秀長。（足利尊氏、征夷大将軍となる。）
暦応二年（一三三九年）、守護・高師泰《こうのもろやす》。（後醍醐天皇逝去。）
観応元年（一三五〇年）、観応の擾乱により高氏一族滅亡。
観応二年（一三五二年）、守護・土岐頼康。美濃・伊勢・尾張三ヶ国守護。
明徳二年（一三九一年）四〇年間、土岐一族が守護であったが土岐満貞をもって終止符が打たれた。

明徳三年（一三九二年）、守護・畠山深秋《ふかあき》。（南北朝合一。）

明徳四年（一三九三年）～応永四年（一三九七年）、守護・今川仲秋《なかあき》（「難太平記」の了俊の弟）。

仲秋は明徳四年十月五日、惣撿挍（馬場氏）に祈禱を依頼し、当宮修理料として愛知郡内秋貞名の地を熱田社に寄進している。

応永四年（一三九七年）、守護・今川讃岐入道（法診）。

応永五年（一三九八年）～応永六年（一三九九年）、守護・畠山基国。

応永七年（一四〇〇年）、守護・斯波義重。応永の乱で大内氏

を討つのに功あったとして、越前・信濃に加えて、尾張・遠江の守護が斯波氏の手中となり、以降一一代一世紀半の守護が始まる。守護所は下津《おりつ》（一宮市）に置かれる。

〔補⑩〕今川了俊と「難太平記」

今川家興隆の基を開いた今川範国（永仁三年一二九五年〜至徳元年一三八四年。享年九〇）の子、貞世（法名・了俊（正中三年一三二六年〜応永二七年一四二〇年。享年九五）は、南北朝期の武将でありながら歌人・連歌作者で多くの著作を残す。

了俊は父範国から打診された駿河守護職を兄範氏に譲り、範氏没後、再度の父の打診に範氏の子氏家に譲っている。応安三年（一三七〇年）九州探題となり、二五年間つとめる。その後、歴史の荒波の中で不遇な晩年を送るが、盛んな文筆活動は止まず、多くの作品を残す。この中で生まれた「難太平記」の中の〝名児耶（なごや）〟に関する記事は了俊存命中に正に目の前で起こった記録である。

第五章　那古野城、攻略さる

（一）　今川竹王丸、那古野城に入る

遠江争奪戦が終結した五年後の大永二年（一五二二年）、今川氏親の六男・竹王丸が駿府の城で誕生した。

その頃、尾張では遠江からの完全撤退で三管領の一人と言われる斯波氏の権威は失墜、守護代大和守家も弱体化し、共に衰退の道を辿っていた〔補⑪〕。

このような状況下、虎視眈々と領土拡大を狙っていた戦国大名今川氏親が

尾張国中《くになか》の一門の今川那古野氏の存在価値を見過ごすはずはなかった。氏親は躊躇わず三歳程の末っ子の竹王丸を今川那古野氏の養子として出すことを決める。

氏親は遠江争奪戦の決着がついた直後頃から晩年の一〇年程は、中風（手足の麻痺）で妻の寿桂尼が代わって政務をとっていたが、大筋は氏親が決めていたのであろう。

戦国の争乱の中で防備が強化されていた柳の御丸《おんまる》と呼ばれた今川那古野氏の館城《やかたじろ》に旅立つ竹王丸を見送った氏親は嫡男氏輝を元服させて一年後、大永六年（一五二六年）六月二三日亡くなった。享年五六。

七月二日の葬儀に那古野城の竹王丸の姿はなかった。

衰微していく既存の勢力に対して、それに取って代わろうとする新しい勢力が台頭するのは世の常である。まして、下克上の戦国の世ならばである。
その頃、尾張ではその芽が芽生え始めていた。織田弾正忠家の台頭である。

〔補⑪〕
永正一〇年（一五一三年）、遠江で今川氏に撃退され帰国した斯波義達が、守護代織田達定《みちさだ》と争い、守護代方は敗北し、達定は殺されるという体制にとって深刻な争乱が起きる。この争乱が清須城の守護代織田大和守家の内部抗争によるものか、遠江における敗北が契機になったのかは不明である。

（二）　那古野城主・竹王丸（氏豊）と勝幡城主・信秀

竹王丸が那古野城に入ってから、この八年程の間に守護・守護代に対する信頼と権威は一段と失墜していた〔補⑫〕。

そして、竹王丸一一歳の時、即ち天文元年（一五三二年）、ついに争乱は起こった。

津島天王社の門前町・津島湊の支配により、軍事的にも経済的にも急激に力を蓄えてきた織田弾正忠信秀は、清須城の守護代織田達勝と達勝に味方した小田井《おだい》城主織田藤左衛門（守護代の下の信秀と同じ三奉行の一人で信秀の伯父）の連合軍を相手に〝取合《とりあい》（合戦）〟に及んだという。（第二章（三））

この信秀のデビュー戦を竹王丸は熱田台地の北端にある那古野城の台地から川を隔てて庄内川中流沿いの小田井城方面を遠望し、はらはらしながら事の成り行きを見守っていたことであろう。

この天文元年の争乱は、翌年和談する。この年、竹王丸は蹴鞠・連歌を楽しめる元服直前の一二歳に成長していた。その竹王丸が信秀の居城勝幡城内で尾張の諸将や信秀に招かれていた京の公家たちが居並ぶ前に登場したのは天文二年（一五二三年）七月二三日のことである。

この日、鞠・和歌伝授の為、勝幡城に招かれていた公卿飛鳥井雅綱《あすかいまさつな》（雅世《まさよ》。一人で「新続古今集」を撰す。子の雅親《まさちか》は書道の一派をひらく。）・山科言継《やましなときつぐ》に竹王丸は〃在なごや今川竹王丸蹴鞠門弟に成られ候〃そして、太刀と銭三百疋《ひき》を持参し、沓迄《くつ》伝授を受け、晩に雅綱・言継・信秀などと蹴鞠に参加し、更に二五日・二七日も鞠に興じ、二六日は勝幡城内の信秀の館で宿泊したと「言継卿記」は記している。竹王丸が信秀に信頼を寄せている様子がうかがえる。

驚くべきことは、実に肌理こまかな用意周到にたてられた信秀の公家招待と、これに合わせ、前年の天文元年の争乱の遺恨を払拭しようとした計画であった。宿老・平手政秀の知恵があったとしても、二二歳の信秀の深謀遠慮には脱帽である。

信秀は七月二日、京を出発した公家たちを七月八日夜半に勝幡城に迎え入れ、帰途は八月二四日、帰京途中の垂井《たるい》から琵琶湖畔の朝妻まで送り、翌朝公家たちが乗船するのを見届けてから、信秀が手配していた駕籠かきは帰途についたと言う。実に四五日に渡る信秀の実行計画は成功し、信秀の名声は高まり、その実力は尾張随一と評された。

翌年、天文三年（一五三四年）五月二八日、勝幡城で吉法師（信長）が誕生する。今川宗家の義元も、その弟竹王丸（氏豊）も、この誕生が後、運命づけられることになるとは知る由もない。

天文四年から五年にかけて、尾張は再び戦乱に巻き込まれる。

先ず、三河を平定した松平清康（家康の祖父）は尾張の中枢、清須城を攻略すべく東方の国境から奥深く入った守山城（守山区）に陣を張る。が、二月四日清康は守山の陣中で家臣に暗殺されるという想定外の事件が起き、松平勢は急遽岡崎へ帰陣する。

大久保彦左衛門忠教《ただたか》の「三河物語」によると、この時信秀は好機と考え、松平の拠点がある岡崎城附近まで進攻するも、松平勢は清康の嫡男で一三歳の広忠を守り、信秀勢を撃退したという。

その翌年の天文五年（一五三六年）、守護代織田達勝・信秀の連合軍と小田井城織田藤左衛門・本願寺支援を受けた一向宗徒衆の荷上《にのうえ》興善寺（弥富市）の連合軍との合戦は、尾張を戦乱に巻き込んだ。しかし、翌、天文六年（一五三七年）春、戦乱は落ち着く。

この一連の戦乱を乗り切り、主役となったのは信秀である。この時点で、最早、軍事・経済・名声のどれ一つとっても尾張では信秀に敵う武将はいなくなった。

が、信秀は下克上をして尾張の守護体制を破壊して、名実ともに君臨し、尾張を統治することは考えていなかった。あくまで体制の中で領土の拡大、経済力・軍事力の強化に邁進することにだけ注力していたように思える。体制がこのまま自然崩壊するのを或は待っていたのかもしれない。
そして、後、この附《つけ》が嫡男信長に回ってくるのも自明の理であった、

扨、この戦乱の中、竹王丸は健在だったかである。それについては第四章（三）で少し触れたが次の伊勢御師（木戸孫三郎忠顕）が伊勢宇治山田の祢宜に尾張の道者（伊勢神宮参詣者）に宿を提供する権益を売却した証文（売券）が天文五年当時、竹王丸は一五歳で那古野城にて健在であることを証明している（「神宮文庫」蔵）〔補⑬〕

〝永代売渡し申す道者の事、大世古宗左衛門
　尾張国一円

在所　尾張の国なこや一円
なこや殿
天文五年丙申《ひのえさる》　三月廿七日　木戸孫三郎忠顕（花押）〃

天文六年漸く静謐《せいいつ》になった那古野城は祝賀で満ちていた。竹王丸は父氏親の一字拝領し、左馬助《さまのすけ》氏豊と名乗り元服し、守護斯波義統の妹と結婚した。氏豊一六歳である。

〃義統の妹、左馬助に嫁しけるには、東西隔てなく、中々静かなりにける〃（「名古屋城史」）であった。嘸や氏豊は尾張での自分の立場はこれで安泰だと確信したことであろう。

〔補⑫〕

尾張の隣国の政情不安と尾張に対する隣国の脅威が迫っていた。

美濃では大永五年（一五二五年）の長井新左衛門尉（斎藤道三の父）によるクーデターで、守護土岐氏・守護代斎藤氏が追放され、翌年、新左衛門尉は尾張へ進攻している。

三河では享禄二年（一五二九年）、三河を平定した岡崎城主松平清康（家康の祖父）が尾張東部に侵攻し、品野城（瀬戸市品野町）・岩崎城を攻略。尾張への本格進攻の脅威は一段と増していた。

このような情勢の中、享禄三年（一五三〇年）、守護代大和守達勝は〝人衆三千計り〟の軍勢を率いて華やかに上洛している（「厳助往年記《ごんじょおうねんき》」）が、何らなすことなく帰国したとされる。この達勝の行動は、時期が時期だけに尾張国内の諸勢力の反発を招いていたのである。

〔補⑬〕

信秀が那古野城を攻略したのはいつか。通説は「名古屋合戦記」に享禄五年（天文元年（一五三二年））三月一一日と記されているが、全くの誤りである。

竹王丸（氏豊）は、天文二年七月二三日の「言継卿記」と天文五年三月二七日売却の証文により、天文二年も天文五年も那古野城主として健在であることが明らかであるからである。

(三)　今川氏豊、那古野城を去る

那古野城主、今川左馬助氏豊は、かつての那古野庄を遥かに超えた、庄内川と天白川に挟まれた愛智郡と春日井郡南部のかなり広域に及ぶ広範な地を支配し、多くの地侍をかかえていた。

那古野は立地上、清須からと熱田からの道が交差する交通の要衝の地に当たり、天王坊などの門前町で、旅館もあり市もたつ一大集落を形成していた(「新修名古屋市史」)。

信秀は予てより氏豊の領地を狙っていた。熱田社の門前町と経済力のある熱田湊を何としても手に入れたかったし、三河・駿河の東方からの脅威に対する防衛拠点にも適していたからである。
特に、永正一四年以降、即ち遠江で敗退してから、愛智郡・春日井郡の尾張東部地区が徐々に今川方に浸蝕されていたことは、憂慮すべき事態であったのである。

明けて天文七年（一五三八年）、信秀は油断していた氏豊の隙をつき一気に那古野城を占領した。

〝南風はげしく若宮の社・天王の社初め、天永寺・安養寺等に火かかり〟（「名古屋合戦記」）、〝軍兵入林、悉皆焼亡云々〟（天野信景《さだかげ》の随筆「塩尻」）とあるように、城下は火の海となり、焼土と化し、氏豊の有力家臣、中村元親（中村区）初め、多くの氏豊の武将らが討死する激しい戦いが展開されたようである。この時、氏豊は城から出て京へ逃れたと伝わるが、それを裏付ける確かな史料はない。

信秀は先ず第一に、延喜一一年（九一一年）醍醐天皇の勅命により勧請された那古野で最も有名な寺院・神社である天王坊の再建に着手するとともに、天文七年九月二四日、天王坊に対する境内と寺領を安堵した。

更に、〝備後守（信秀）国中那古野へこさせられ、丈夫に御要害仰付けられ〟と「信長公記」に記されているように、天文七年一〇月九日、守護代織田大和守達勝の布告でもって那古野城の修築指示が出されている〔補⑭〕。

これにより那古野城が攻略されたのは、従来通説だった天文元年ではなく天文七年となり、又、戦国期敵地を占領すると人心を落ち着かせる為、即座に制札・安堵状が出ることを考えると、九月の上旬となろう。

いずれにしても暦応元年（一三三八年）、今川那古野氏が登場して以来、天文七年（一五三八年）までの二〇〇年、ここに今川那古野氏の幕は閉じた。

〔補⑭〕

〃急度申遣し候、仍て性海寺寺内の事は先々より諸役免許の儀候の条、今後那古野へ夫丸の儀、相除くべく候

謹言　　天文七、十月九日　達勝花押〃

平安期創建の真言宗性海寺《しょうかい》（稲沢市）に対して那古野へ夫丸《ぶまる》（普請人夫）を免除するよう那古野城の修築を担当する奉行に命じた書状である

（「性海寺文書」）。

第六章　那古野城攻略の真相

（一）攻略が〝いつ〟、〝どのような内容で〟について

〝いつ〟については前項で述べた。次にその内容であるが、城主の氏豊の動向、合戦について信頼できる史料はなく、不明と言わざるを得ない。

が、唯一合戦の様子を記している「名古屋合戦記」（作者・成立年次不明）を要約すると、〝連歌のやり取りで、日頃から信秀と氏豊は親しく交流しており、那古野城に招かれ滞留するままに、客間に窓を切り開いて矢狭間とした

信秀は、病気と偽って勝幡より多数の家臣を呼び、真夜中、城内外に放火し、ついにまんまと城を手に入れる。氏豊は城からまぎれ出て京へ逃れた〟と伝えている。

（一）　攻略の真相

一番の疑問は、信秀は何故天文七年に攻略したかである。

那古野城主の今川氏豊は、当時駿河・遠江の大大名・今川義元の実弟であり、特に那古野は足利尊氏から一門衆として認められた地であることから、那古野城の攻略となると、今川義元の尾張侵攻は避けられない。果たして、そのリスクを信秀はどこまで考えていたかがポイントと考える。

結論を先に述べると、天文七年は攻略するに絶好の機会であったのである。それは、尾張の内も外も攻略に恵まれていたからであった。

内は天文元年から続いた戦乱は天文六年に落ち着いたが、問題は外の情勢である。

三河は松平清康の暗殺後、子の広忠に対し大叔父・松平信定が惣領の地位を狙った為、内部対立が生じ、情勢は不安定になり、尾張への脅威は消えた。

美濃も守護代斎藤氏の名跡を継いだ斎藤新九郎道三が、天文四・五年にかけてのクーデターで、美濃守護土岐頼武《よりたけ》を追放し土岐頼芸《よりあき》を守護にするも、斎藤一族の抵抗などで争乱は尾を引き、束の間、脅威は消えていた。

信秀が一番気にかけていたのは東の大強敵、今川義元である。信秀は今川義元の動静を探っていた。ここに一通の書状がある。

〝貴礼拝見、本望之至候、近年者、遠路故不申入候、背本意存候、抑、駿州此方間之義、預御尋候、先年雖遂一和候、自彼国疑心無止候、委細者、御吏可申入候条、令省略候、可得御意候、恐々謹言

天文十七年三月十日　　氏康在判

織田弾正忠殿〟

小田原の後北条三代、北条氏康が信秀の問合せに対し、今川氏との関係について答えている書状である。要約すると、〝近年は遠路故、ご連絡しませんでしたが、お問合せの駿河のことについては、先年講和したといっても今川の本心は疑わしい〟とある。この書状により、信秀が北条と交わす文通が数

年振りであり、氏康の父氏綱の代から信秀は北条と通じ情報を得ていたことが推測される。

ここで言う〝一和（講和）〟についてである。

天文五年（一五三六年）六月一〇日の家督争い（花蔵の乱）に北条の後押しもあって勝利した今川義元が、翌年、北条氏と敵対していた甲斐の武田信玄の姉を妻に迎えると、激怒した北条氏綱は、天文六年（一五三七年）二月六日、今川領内に進攻し、富士川の東、河東地域を占拠する（河東の一乱）。

この時、氏綱は戦いに備え、今川氏の背後の遠江・三河などの遠方の武将と手を結び、〝遠交近攻〟の同盟を成立させ、今川氏を挟み撃つ策に出ている。北条は、見付端城《みつけはじょう》（磐田市）の堀越氏延《うじのぶ》他、遠江の井伊氏、三河の奥平氏にまで手を伸ばしていた。

尾張で勢力の台頭が著しい信秀に氏綱が誼《よしみ》を結ぼうとしたとしても何ら不思議ではないし、信秀にとってしても、今川氏の背後の北条氏と通じることは理に適うことであった。

一和が成って、〝河東の一乱〟が終結するのは天文一〇年七月一九日氏綱が没し、氏康が家督を継ぎ、天文一四年（一五四五年）一〇月二四日の武田信玄の斡旋を待たねばならなかった。

信秀は天文七年当時、三〇〇キロ東方の北条、今川の争乱を既に把握していて、たとえ、那古野城を攻略しても今川義元は北条氏綱との戦いの最中で、那古野城に駆け付けることは出来ないと判断したのであろう。

嘸かし義元は切歯扼腕し、その溜まりに溜まった鬱憤晴らしの矛先は晩年の信秀へ、そして信長に向けられる。そして、歴史は全くその通りに展開していく。二二年後、本格的に尾張に侵攻した義元は桶狭間の地で信長と雌雄を決することになる。

第七章　吉法師、勝幡城から那古野城へ

（一）　信秀が奪い取った那古野城に吉法師が入るのはいつの頃か。

これについて、前章の（三）項で記した「信長公記」首巻にもう一度触れてみたい。

〝…或る時、備後守国中那古野へこさせられ、丈夫に御要害おおせつけられ（吉法師に四人の家老を付け）…那古野之城、吉法師殿へ御譲候て…〟

〝或る時〟は、天文七年であることは検証した。〝丈夫に御要害〟については、先にみた通り、那古野城攻略は尾張領の保全と拡大という面で大義名分があり、守護代の了承をとりつけ、信秀により実行されている。それ故、戦後処理の一環として、達勝の名で尾張一円に那古野城の普請の為、普請人足（人夫丸）が課役されたことが分かる。

考えてみると、氏豊が居た那古野城は、〝柳《やなぎ》の御丸《おんまる》〟と呼ばれていた館城《やかたじろ》ではあるが、戦乱の世、ある程度の防御は備えていただろう。

この城を〝丈夫に御要害〟する目的は、東から侵攻してくる今川に対する防波堤と、三河へ進攻する尾張の拠点の二つの役目があった。だとすれば、土を掻き揚げ、二重の堀をつくり、四隅に物見櫓を置き、中央の東寄りに高井楼《たかせいろう》をあげ、新たに主郭となる館城を建て、城全体の防御を強化する必要があったと考える。

更に、信秀は城の南に接する地に自身の菩提寺となる亀岳山万松寺《きがくさんばんしょうじ》の建築を、天王坊・若宮・安養寺などの再建とともに着手している。万松寺は現在の中区錦及び丸の内二・三丁目にまたがる広大な寺領であったと伝えられている。万松寺は城の南東を守る信秀の一大防御城と考えてよい。

扨、本題の吉法師はいつ那古野城に入ったのか、である。

寺社の再建は天文八年。那古野城を丈夫に要害化しようとすると天文九年から一〇年にかけてかかったと考える。万松寺が竣工するのは天文九年。又、天文一〇年二月には信秀は自治領の万松寺に禁制を掲げ、本尊開眼供養の式典も盛大に行われたであろう。

以上の情況から恐らくこの式典に合わせ、信秀は弾正忠一家を勝幡城から呼び寄せ、この時吉法師は那古野城に入ったと考える。吉法師は八歳になっていた。

吉法師には四人の家老が付けられ、自由な行動は制限され、天王坊で勉強させられたと「信長公記」首巻は記している。

〝一のおとな林新五郎（秀貞）・二長《おとな》平手中務丞《なかつかさじょう》（政秀）・三に青山与三右衛門・四に内藤勝介是らを相添、御台所賄《まかない》の事（お勝手勘定方）平手中務。御不弁無限、天王坊と申寺へ御登山なられ〟

多くの人で賑わう津島社の祭りと騒々しい湊との触れ合い、川遊びなど豊かな自然に囲まれた勝幡の城で育った吉法師にとって、帝王学を押し付けられるだけの環境は苦痛であっただろう。

（二）　信秀、東奔西走す

那古野城攻略の後の信秀は、

〝国中憑《たの》み勢なされ、一ヶ月は美濃国へ御働き、又、翌月は三川（三河）へ御出勢〟

と東奔西走していたと「信長公記」は記している。

天文九年（一五四〇年）六月、信秀は兵三千で西三河へ侵攻、松平一族が守る安祥城（安城市）を攻略、瞬く間に矢作川以西を制圧する。安祥城は西三河の拠点となる。

このように、尾張の一武将であっても、日の出の勢いのある信秀の名は、既に広く知れ渡り、三河侵攻中の六月六日、伊勢神宮式年遷宮の外宮造営費用の提供を頼まれた信秀は、黄金一三枚を提供し、外宮造営の費用負担を約束し、天文一〇年には銭七百貫文を寄進している。

信秀の威勢が最も高まったのは、西三河での戦いがその後も有利に進んだ天文一二年（一五四三年）である。この年の二月、信秀は宿老平手政秀を名代として上洛させ、大破した禁裏の修理費用として、朝廷に銭四千貫を献上し、都人を驚愕させ、その富強ぶりが諸国に知れ渡っていた〔補⑮〕。

丁度その頃、一〇歳になった吉法師が、決して唯唯諾諾にならない姿をそろり示し始めていた。

守護・守護代に取って代わったかのように、尾張一番の実力者となった信秀は、三河の次に美濃を狙った。

先ず大柿城（大垣市）を攻略し、織田播摩守を入れ置くと、天文一三年（一五四四年）九月二二日、守護・斯波義統の名の下で、五千余人を動員して、斎藤道三の稲葉山城下に攻め入る。が、晩になって引きあげる時、逆襲を受け大敗を喫してしまう。

〝濃州井ノ口（稲葉山城下）において、尾州衆二千打死、大将衆也〟と「定光寺年代記」に記されているように、熱田社大宮司千秋紀伊守季光《すえみつ》・吉法師の三のおとな青山与三右衛門・織田因幡守・岩倉城の織田伊勢守の一族・中島郡の毛利一族など、多くの大将衆が戦死するという惨憺たる大敗北で、連歌師・宗牧の「東国紀行」に、〝弾正忠一人ようよう無事に帰宅〟とまで記されている位であった。

那古野城攻略、西三河侵攻に比べ、はるかに大規模な軍兵を動員するも、完膚なきまでに叩きのめされた信秀であった。

今度は信秀、大惨敗として、瞬く間に諸国に知れ渡ることになる。考えてみると、信秀は絶頂から奈落の底まで、わずか一年半でその総べてを体験したことになった。

〔補⑮〕

〝尾張のをたの弾正と云う物、（禁裏を）修理して進上申すべくの由申し、はや料足四千ばかり上り了る云々、事実においては不思議の大営か〟と奈良興福寺の多聞院《たもん》の僧・英俊《えいしゅん》は「多聞院日記」（天文一二年二月一四日条）に記している。

銭四千貫は一貫を一文銭千枚とすると、四百万文。力者（人夫）の日当一日二百文であるから、二万人の人夫を動員できる超高額である。

（三）　三郎信長の登場

信秀が大敗北を喫してからわずか一〇日程後の天文一三年一〇月五日、一一歳になった吉法師は久し振りに史料に登場する。

東国を歴訪予定の連歌師・宗牧が勅使として、先の禁裏修理に対する朝廷から託された礼物を持参して那古野城に到着したのが一〇月五日。

平手政秀が迎え出て、

〝今日の寒さは格別と、・・・ねんごろにもてなす様は、真心がこもり、至れり尽せりである・・・夕食は心尽くしの手作り。子息の三郎(信長)・次郎(信勝)・菊千代(信包)が盃に酒を注ぐ歓待に感謝するばかり。翌日、信秀に拝謁。朝食前に女房奉書や古今集など手渡した。〟と宗牧の日記「東国紀行」に記されている。

この子息三郎こそ、幼名吉法師から家督を継ぐまでの父信秀と同じ名乗りである〝仮名〟の三郎、即ち、後の信長で、この時既に、元服していることが分かる。更に次男も次郎と元服している。

何故信秀はこんなに早く二人を元服させたのであろうか。その理由につい

て、信秀の心の中に分け入ってみると、

〝第一は、駿河・遠江の今川義元が着々と勢力を増し、間なく本格的な三河進攻に続き尾張を窺おうとするであろう。

第二は、大勝利の余波を背景に道三の尾張への圧力は増す一方に。

第三は、軍兵を動員するに守護・守護代を立てながら戦略を練ることに限界を感じ、苛立ちを覚える。

こうした状況下での、勅使来訪の報《しらせ》である。美濃戦であわやの危機に瀕した信秀は、自分がいつ戦いで亡くなっても良いように即座に吉法師を元服させ、弾正忠家は安泰であると、内外に発信する必要がある〟と考えたのではないか。

次に、この時の信長の心に分け入ってみる。

〝尾張第一の実力者でありながら、体制という多くの縛りと柵《しがらみ》の中で、今川・松平・斎藤といった隣国の強敵と戦う父信秀の姿に、凄味よりも哀れさを感じる。と同時に、何か底知れぬ怒りを覚える。〟そう考え感じていたのではないか。

その様に考えると、以降の若き信長の行動が理解できる。未だ一一歳の少年ではあるが、歴史上希に見る感受性の強い天才であり、加えて駆け回る父の姿を目の当たりにしていることを考えると、既にこれから何を為さねばならないか、又、その為に備えなければならないことは何かについて、大方分かっていたのではないか。

具体的には、〝先ず尾張を治めねばならない。その為には、父の家臣軍団ではなく、新しく自分がつくり上げた自分自身にだけ忠誠を誓う隊が必要だ。〟そのように考えていたと推測する。この考えが正しかったことは、八年後はっきりと証明される。以降、この信長の隊を〝親衛隊〟と呼ぶ。

（四）三郎信長、那古野城主となる

明けて天文一四年（一五四五年）、信秀の不安が現実のものとなる。一〇月二四日、例の〝河東の乱〟は信玄の斡旋により、今川氏と北条氏の和議（第六章二項）がなり、背後の憂いが消えた義元は、兄氏輝の菩提寺臨済寺（静岡市大岩）の住持にして軍師の太原崇孚雪斎《たいげんすうふせっさい》に指揮をさせ、三河への侵攻を本格化しようとしていた。

翌、天文一五年（一五四六年）、危機を抱いた信秀は、予て建築中だった古《ふる》渡《わたり》の新城（中区下茶屋町、現東本願寺別院境内）に移った。

この結果、那古野城を譲られた三郎は〝信長〟と命名される。那古野城の新城主、三郎信長の誕生である。この時、永正九年（一五一二年）生まれの信秀は三五歳、三郎信長は一三歳になっていた。

〝吉法師一三の御歳、・・・古渡の御城にて御元服、織田三郎信長と進められ、御酒宴御祝儀不斜《なななめならず》（ひとかたでなかった）〟

と「信長公記」に記されているが、元服は前述した通り、既に一一歳の折に済ませているので、恐らく信秀は新築なった古渡の新城で〝信長〟と命名し、改めて元服と那古野新城主誕生を祝したのであろう。

この年の一一月一五日、予てから西三河の松平広忠を支援し、三河への影響力を強めていた今川軍は、東三河の戸田金七郎宣成の居城・今橋城（吉田城・豊橋市）に襲いかかり、東三河の一角を今川領に組み込むと、ここを拠点に三河全土に対し進攻を開始した。

天文一六年（一五四七年）。人生の一時《いつとき》も必ず〝光と影〟がある。この年の〝光〟は、信長、一四歳の初陣である。「信長公記」は、その華やかで晴れ晴れしい姿を次のように記している。

〝（古渡城で祝儀の）翌年、織田三郎信長、御武者始（初陣）として、後見役は平手中務丞、其時の仕立、くれない筋のつきん（紅筋の兜頭巾）はをり、馬よろひの出立《いでたち》にて、駿河（今川氏）より人数入置候、三州（三河）内吉良《きら》

（旧幡豆郡吉良町・現西尾市）・大浜（碧南市大浜）へ御手遣（手勢をつかわし）、所々放火候て、其日は野陣（野営）を懸させられ、次日、那古野に至て御帰陣〟したという。

〝影〟は松平竹千代（徳川家康）である。

八月二日、岡崎城の松平広忠は織田に対抗上、今川から支援を得る為、人質として六歳の嫡男・竹千代を駿河へ送る。ところが、途次、〝しおみ坂〟（湖西市白須賀の東方の汐見坂）で、信秀と通じていた渥美半島の田原城の戸田宗光《むねみつ》・堯光《たかみつ》父子が竹千代を奪い、信秀に渡すという事件が起こる。これに怒った義元により、九月五日、田原城は天野景泰らの今川軍に攻められ落城。田原戸田氏は滅亡する。

信秀は竹千代を盾に取り、広忠に同盟を迫るが広忠はこれを拒否。松平氏を味方にするという信秀の策は破れた。

一方、竹千代は信秀の命で熱田の豪商・加藤図書助順盛《ずしょのすけのぶもり》（永正一一年一五一四年～天正一六年一五八八年。享年七四）邸にして、熱田社南側の海に面した〝羽城《はじょう》〟に預けられ、ここで天文一八年迄の二年余を過ごすことになる。

〝影〟は尚、続き、天文一八年（一五四九年）今川軍の攻めで安祥城が落城した時、今川軍に捕らえられた城代で信長の庶兄信広と人質の交換をさせられた竹千代は、そのまま人質として駿府に送られる。

竹千代が人質から完全に解放されるのは、永禄三年（一五六〇年）五月一九日の桶狭間の合戦を待たねばならない。

が、その後も〝影〟は続く。即ち、天正一〇年（一五八二年）、信長が本能寺で自害するまで、信長の意をひたすら汲む同盟が二二年続くことになるからである。

竹千代は三歳の時、実母於大の方が織田・水野対今川・松平の板挟みで、広忠から離縁させられ、実家の水野家へ送り返されるが、その年数を加算すると、徳川家康七五年の生涯の、実に大半が〝影〟であったと言える。が、人生の晩年が〝光〟となった為か、家康という人物に、信長・秀吉にはみられない何か渋い燻し銀のような光を感じるのは、その前半の〝影〟が影響しているのではないかと思う。話が大きく逸れた。暗雲垂れ籠めた尾張に戻る。

(五) 弾正忠信秀、窮地に陥る

天文十七年の〝影〟は信秀である。

この年の三月一九日、三河へ侵攻してきた今川軍に対し、信秀の軍は三河の小豆坂《あずきざか》（岡崎市羽根町）で激突。この時の合戦について家康の臣、大久保彦左衛門忠教《ただたか》（永禄三年一五六〇年〜寛永一六年一六三九年。享年八〇通称彦左衛門。）は著書「三河物語」で、

〝其時之合戦は対々（引き分け）とは申せ共、弾正之忠之方は二度追帰され申。人も多打れたれば駿河衆之勝と云〟と記し、多くの犠牲者を出し、惜敗した信秀は上和田の砦（岡崎市上和田町）を経て、安祥城に守将として信長の庶兄信広を置き、古渡城に引き揚げている。四年前の美濃での大敗北の悪夢が甦り信秀の脳裏に三河崩壊の映像が過ぎった。

〝影〟は続く。一一月、斎藤道三は信秀の美濃拠点、大柿城（大垣市）を突然襲う。これを知った信秀は逆に稲葉山城に向かい美濃へ乱入。驚いた道三

は稲葉山城へ引き揚げた。うまくいったと信秀が喜んだのも束の間、想定外の事態が起きる。これについて「信長公記」は、

〝霜月の二〇日、(出陣中の信秀の)此の留守に尾州の内、清洲衆、備後守殿古渡新城へ人数を出し、町口放火候て、御敵の色を立られ候。〟と記している。

身内同然と考えていた信秀は、守護代とその家臣たちの敵対行為に直ちに帰城。天文元年以来十七年間続いていた清須衆との蜜月はここに破局に至った。

信秀が去った後、道三はまんまと大柿城を奪回。これにて信秀は、多くの戦死者を出した美濃の地から完全に手を引かざるを得なくなったのである。

事件は清須衆と手を結んだ道三の陽動作戦であるが、信秀の落日を見て取

った尾張内の勢力の動きであり、道三は言葉巧みにこれら尾張勢力と通じていたという信秀にとって極めて深刻なものである。三河から今川氏に、美濃から斎藤氏に、ほぼ同時に侵攻されるならば、信秀にとって落日の先に滅亡が待っているからである。

（六）信長の戦略

追い込まれた信秀を救ったのは、宿老にして信長の守役・平手政秀の策であった。五八歳と高齢な政秀が放った渾身の策である。

「信長公記」には、〝平手中務才覚にて織田三郎を斎藤山城守道三聟に取結、道三か息女尾州へ呼取候き。然間、何方も静謐《せいひつ》（謐）也。〟と記され、信秀は政秀の策を入れ、道三の娘（美濃の姫、即ち、濃姫《のうひめ》とも帰蝶《きっちょう》の方とも鷺山殿《さぎやま》とも）を信長の室とし、道三との講和に成功したのである。信長一五歳、濃姫一四歳であった。

この講和の結果、権威があっても武力で劣る清須衆は最早信秀の敵ではない。信秀の意を受け、政秀は和平を進め、間もなく和睦に至った。

天文一八年（一五四九年）、一六歳の信長は、一一歳頃から思い描いていた戦略を激しく、しかも馬鹿馬鹿しい程熱中して実践するも、誰にもその意図を察知され難いやり方、当然、世間の常識慣習にとらわれないやり方で実行している姿を「信長公記」は次の通り記している。信長の青春記を語る有名な一節で、少し長文であるが、現代語に置き換え、補足しながら全文を記す。

〝信長一六・十七・一八までは別に遊び事は特になく、（イ）朝夕に馬のお稽古。又、（ロ）三月から八月までは川に入る。（八）水練はお達者なり。そのような折、（ニ）竹槍にて叩き合いをご覧になり。（ホ）とかく、竹槍は短いと具合が悪いと仰せになり、三間柄三間半柄などにされた。（へ）お身なりは湯帷（ゆかたびら）の袖をはずし、半袴（くるぶしまでのはんばかま）、火打ち袋など色々、余多付させられ、（ト）お髪は茶筅（ちゃせん）にし、髻（もとどり）を紅や萌黄にて巻き立て、結わせられ、（ニ）朱ざやの太刀をさせられ、（お付きの者にも）悉く、朱武者にするよう仰せつけられた。（チ）市川大介を召し寄せられ、お弓のお稽古、（チ）橋本一巴を師匠として鉄炮のお稽古、（リ）平田三位を側近くお召しなり兵方お稽古、（ヌ）（チ）御鷹狩りもなさった。〟

信長が勝幡城から那古野城に移って早や八年。感受性の強い信長は、父信秀の成功と失敗を守役・平手政秀からの情報もあったであろうが、極めて鋭敏に感じ取っていた。

近い将来、父の跡を継ぐや襲いかかってくる敵について、この時一六歳の信長は容易に想像できたに違いない。そのように考えると、信長が、既に何を考え、為そうとしていたかはこの「信長公記」は極めて明確に記しているのではないか。何故ならば、一六歳から一八歳、即ち天文一八年から二〇年迄の〝大うつけ〟の中で信長が必死に目標に向かう様子が如実に記されているからである。

上記、「信長公記」の（イ）から（ヌ）を分析すると、その一つ一つが弱肉強食の戦国の世に、勝ち残る為の若き信長が言うリーダーの条件であり、それは次の九ヶ条に分けられる。この九ヶ条から読めるのは、〝信長の為だけに働き、死ぬことを第一とする親衛隊を作り上げる〟ことを目指していることが分かる。

特に敵・味方の判断が困難で、且つ特に裏切りが多く予測され、加えて世間の評価が定まらない、立ち上がりの初期の段階では、信長は既存の弾正忠家の武将集団に頼らない〝親衛隊〟だけで戦局を切り抜けようと強く覚悟していたのではないか。〝父は器用さで諸勢力をまとめ、威信があるが、そんなもんはこれからのわしには通用しない。要は強いか弱いか、それだけである〟と。

若き信長がいうリーダーの九ヶ条

①強靭な体力を持つ。（ハ）
②野山、戦場を駆け回り、兵を躍動させ統率する為、乗馬に優れている。（イ）
③兵を移動させる際、障害となる河川の状況を知り、知識を有する。（ロ）
④敵より有利に戦う為、武器は絶えず工夫が大事である。（ホ）
⑤常在戦場の心掛けで、直ぐに行動できる服装であることが大事。（ヘ）（ト）
⑥他と差別された同一色を持つ結束の固い統一行動がとれる隊にする。（ニ）
⑦情報を取得し、統治力を養う。（ヌ）（チ）
⑧最新鋭の武器の所有と操作を修得し、リーダーのレベルの高さを示す。（チ）

⑨大将として人をうまく使い、且つ敵と向かい合う時の心構えを知る。（リ）

更に「信長公記」は、若き信長の行状について記している。その意図を悟らせないよう世間を欺き、世の常識から外れた悪の集団の頭の如く振る舞う一六歳程の信長の強い覚悟をもって臨んでいる姿を垣間見る思いがする。筆者はそこに触れる度涙ぐむ。何故なら、その当時、天文一八年・一九年、即ち、一六・七歳の信長の置かれた情勢を考えるからである。では、信長の行状の箇所を現代語で次の通り記す。

〝見苦しいことがある。町をお通りの際、人目を憚ることなく、栗・柿は申すに及ばず、瓜をがぶり喰い、町の中を立ちながら餅をほおばり、人に寄りかかり、人の肩に連らさがるような歩き方しかなさらなかった。この頃は、世間は品良さが好まれていたので、信長公のことを大うつ気と申している。〟

天文一八年一一月、信長は信秀の後継者の最初の仕事として、熱田八ヶ村に対し、熱田社造営の為、課役を免除したり、人や物資の自由を保障した制札《せいさつ》を出す。

津島と並んで重要な経済基盤である門前町と湊を有す熱田は当時二千軒の家数があり、清須城下の二七二九軒に次ぐ規模で、市場《いちば》・田中《たなか》・神戸《ごうど》・今道《いまみち》・大瀬子《おおせこ》・中瀬《なかせ》・東脇《ひがしわき》・須賀《すが》の八ヶ村のまとまりがあった。

（七）今川義元、尾張へ侵攻す

信長が熱田に制札を出した一一月、軍師雪斎率いる今川の大軍は安祥城を攻撃、一一月九日、城は落ち、城守の信長の庶兄信広は捕らえられ、前述（四項）の通り、信秀の人質、竹千代と交換される。

しかし運命とは不思議なものである。熱田での竹千代の二年余は、一六歳の信長と八歳の竹千代との出会いを生み、後の同盟につながり、二大英雄が生まれる一因ともなったからである。

その後の今川軍の進撃は止まらない。一一月二三日上野城（豊田市上郷町）に続き、西広瀬城（豊田市西広瀬町）を攻略すると、東方の春日井郡瀬戸方面から尾張中央部へ進攻する勢いを示す。

話を少し戻す。この一連の今川軍の快進撃の切っ掛けは、天文一八年三月六日、岡崎の松平広忠（竹千代の父）が家臣に暗殺（享年二三）されたことに始まる。今川義元はすかさず、雪斎に岡崎城を押さえさせ、九月には西三河へ侵攻し、信秀と通じていた吉良氏の諸城を攻略すると、矢作川を渡り、信秀の西三河の拠点・安祥城に迫ったのである。

一方、焦りを覚えた信秀は、防御に弱い古渡城を捨てることを決意し、東方からの今川軍に対する防波堤となるべく東の丘陵地、末盛《すえもり》に山城を築き移った。

その後、今川軍は、天文一九年（一五五〇年）五月九日永沢寺《えいたくじ》（豊田市篠原町）、五月二三日無量寿寺（西尾市平坂《へいさか》町）、九月十七日雲興寺《うんこうじ》（瀬戸市赤津町）の各々に制札を掲げ支配に置くと、尾張の国境《くにざかい》にある信秀方の重要拠点、〝苅屋城〟（刈谷市）の水野藤九郎守忠の軍を包囲し、一二月には尾張愛智郡の〝沓懸《くつかけ》〟（豊明市）・高大根《たかおおね》・部田《へた》村・大脇と智多郡横根《よこね》（大府市）などを支配下に治め、尾張内に勢力を張った（天文一九年一二月朔日付の今川義元が丹羽隼人佐《にわはやとのすけ》に安堵した判物）。それを裏付けるのが、

〝尾州錯乱、八月駿州義元五万騎にて智多郡へ出陣す。〟

と記された臨済宗妙心寺派応夢山定光寺《じょうこうじ》の「定光寺年代記。天文一九年」である。

このように、天文一九年の一一月末頃、尾張は未曾有の戦乱に覆われ、信

秀は勿論、親衛隊の構築途上にあった信長の運命も〝あわや〟と思われた。しかし、前述の「定光寺年代記」は続いて〝同雪月（一二月）帰陣〟とある。即ち、突然、今川軍は帰陣してしまったのである。一体何があったのであろうか。

裏に大きな力が働いていた。これは、皇室が最も窮之した時在位した経験を有す後奈良天皇（一四九六～一五五七年）の今川に対する和平工作があったからである。信長が一〇歳の時、信秀が平手政秀をして禁裏修理費の驚くべき大金を寄進した実績が今、信秀と信長を救った。

禁裏に対する政秀の必死の嘆願が功を奏したのであろうか。天皇は女房奉書をもって雪斎に対し、〝駿河と尾張と和睦の事〟と命じ、義元も三河から信秀を一掃し、尾張の東西に喰い込み拠点を築くことが出来たこともあり、撤兵を決意、帰陣したのである。

以上、信長が置かれた天文一八・一九年の情勢を駆け足でみた。信秀だけが孤軍奮闘している姿に信長が何を考えていたかである。間もなく、その〝大うつけ〟の正体がはっきりする。

（八）巨星、落つ

大難を免れた信秀と信長であったが、人の世は吉凶禍福《きっきょうかふく》、ほっとした束の間、信秀は末盛城内で突然、再起不能の病を得た。

天文一九年一二月二三日、十七歳の信長は父に代わって熱田神宮寺座主に対し、〝笠寺別当職《べっとうしき》、備後守（信秀）判形《はんぎょう》の旨に任せ、〟（「天台宗密蔵院文書」）と笠寺別当職を安堵、領国経営に乗り出している。

やがて信秀の病が次第に重くなっていく中、守護代織田大和守家を中心とする清須衆、並びに岩倉の伊勢守家、今川氏に通じる諸将、更に厄介なのは、信秀の後を狙う弾正忠家内の一族、その全てが鳴動し始め、家督を継ぐ信長の足元を掬おうとしていた、

翌、天文二〇年（一五五一年）、信長一八歳の時、早くもその兆候が出てくる。末盛城で父と母と同居している信長の実弟・織田勘十郎信勝が天文二〇年九月二〇日付で出した、熱田神宮寺座主に対する安堵状である。既に信長が前年に安堵しているにも関わらず、わざわざ〝備後守并に三郎（信長）の

先判の旨に任せ〟と重ねて安堵状を出し、勢力を示そうとしているのである。

　天文二一年（一五五二年）三月三日、信長一九歳の時、天文一九年頃から天文二一年三月までの三年間病床にあった父信秀が亡くなった。凡そ三〇年尾張と隣国を席捲し、尾張の虎と言われた巨星が落ちた。享年四二。法名、万松寺殿桃岩道見大禅定門。

　〝備後守殿は疫病にかかり、様々に祈祷や治療が行われたが、平癒することなく、ついに三月三日、御年四二で亡くなられた〟と記した「信長公記」は、これに続き、信秀の菩提寺、万松寺の住職・大雲永瑞《だいうんえいずい》が導師をつとめた葬儀における余りにも有名な信長の挙動を述べている。が、その前に信長の心の内を推測してみる。

〝国の外からの侵攻に対し、守護体制に気遣い、器用に駆け回る父。絶えず位《くらい》を盾に、父の足を引っ張ってきた清須衆。家督を継ぐ信長の足元を揺るがそうとする身内とその臣。父の位牌を前にすると、それらに対し猛烈な怒りを抑えることができない。誰が敵か炙り出す為のこれがうつけの最後の舞台だ。〟

このように考えた信長は、三百人程の僧衆、信長と弟の家老衆や家臣たちを前に、

〝焼香にお立ちになる。身なりは長柄の太刀、脇差をわら縄で巻き、髪は茶せんまげ、袴召さず。仏前で抹香をかっとつかんで投げかけて帰る。弟は礼にかなった作法。信長に対しては大馬鹿者と皆うわさした。が、筑紫から来た客僧一人だけが、信長こそ国持ち大名ともなるべき人と言った。〟と「信長

公記」は記した。

恐らく葬儀に参列した尾張の諸侍たちも、うつけの若い信長を脅して、信秀に抑えられていた勢力の回復を考えていたのであろう。いずれにしても、それらのことを全て考えた上での信長の振る舞いであったと考えるのである。

（九）親衛隊成る

信秀が亡くなる天文二一年頃、まるで推し量ったかのように、親衛隊はほぼ完成していた。昼夜惜しまず一意専心、ついに信長は凡そ八百程の隊を持つまでになったのである。

那古野城主とは程遠い格式を捨てた異様な野暮ったい格好で信長は、悪者の頭《かしら》のような挙動をして、領内の地侍や名主・大農家の跡取りでない、二男・三男以下の屈強な地下人と言ってよい様々な若者を集め、生活行動を共にして、衣・食を与え、戦闘訓練を励ませ、更に多くの若者を隊に引き入れてきた。若者の中には、後、桶狭間の合戦で活躍する前田利家・木下雅楽助《うたのすけ》・服部小平太・毛利新介・中川金右衛門等もいる。

「信長公記」は、信長の尾張統一戦の中で、庶兄の信広が謀反した時、この信長の親衛隊について次のように記している。

〝支援するものが居なく、たった一人の四面楚歌になっても、度々手柄を立てる屈強の侍衆が七、八百もそろっており、合戦があっても一度も不覚をとったことはない。〟と少数ではあるが、文字通り精鋭戦闘集団になっていることが分かるのである。

信秀が亡くなったこの年、家督を継いだ信長を牽制する二つの動きがあった。

八月一五日、清須衆の坂井・河尻らの武将が松葉城・深田城（海部郡《あまぐん》大治町《おおはるちょう》）を攻略、信長に敵対する。即座に叔父の守山城主織田信光、弟信勝の臣柴田権六勝家の軍と協力し合い、清須衆の宿老坂井甚介初め五〇騎程討ち取るなど、萱津《かやつ》（あま市甚目寺町）で撃退し、両城を取り戻し、清須城下の田畠を刈り取り、帰城した（「信長公記」）。信長が弾正忠家の共通の敵に対し一族とともに戦った事件であり、親衛隊の初出陣であった。

九月、今度は今川義元が動き出す。

〝九月、駿州義元、八事（昭和区、天白区から日進市、瀬戸市域南部）まで出陣〟と「定光寺年代記」の天文二一年の条にある。恐らく、信秀の死を知った義元が武威を示す目的で尾張に進攻したと思われる。この時は合戦になっていない。後奈良天皇の在位中、義元は本格的な尾張侵攻を思い止まったのであろうか。

（一〇）平手政秀、自害す

年が明けた天文二二年（一五五三年）閏正月一三日、暁。二〇歳となった信長にとって、驚天動地の事件が起きる。信秀の宿老の中で、今や唯一信長の味方である平手政秀が、所領の志賀（北区）に隠退し、自害し、果てたのである。享年六二。法名、政秀寺殿功庵宗忠。

自害の真相は政秀の心の内にだけ収められたままと考える。これについて、政秀の長男が所有する駿馬を信長が所望したが応じなかったことによる主従の不和とか、信長がうつけとか、まじめでない様子を悔やみ諫死《かんし》したと「信長公記」は記している。が、流石の太田牛一も政秀の真底までは分からない。

しかし、前年の八月一五日の出撃の手際の良さ、素早い作戦の指揮。何よりも大うつけの姿は消え去っていること。又、駿馬の不和があったとしても、政秀の才覚をもってすれば容易に解決できることなどを考えると、自害の原因は別にあったのではないか。

先ず、信秀に対する殉死を考える。奈良時代から〝いにしえの風〟と言われ、古式に通じた政秀ならとも考えられるが、そうではない。政秀の奥深い考えがあったのではないかなど考察する必要があるのではないか（「諫死にあらず」風媒社・拙著）。

かつて、信秀の手足となって上洛し、朝廷に献金し、京に人脈をつくり、これが今川氏との和睦となり、信秀・信長を救ったこと。又、その才覚で道三の娘と信長の結婚が成り、美濃からの脅威が消え、道三との同盟の道が開かれたことなど、信長は政秀に感謝するばかりである。

いずれにせよ、弾正忠家の宿老の中で、信長を明確に支持する者は政秀の死により一人もいなくなった。信長は柩に手を添え〝大声で泣き〟ながら葬ったと伝わる（「政秀寺古記」）。

信長は政秀の菩提を弔うため、臨済宗妙心寺第一座にもなる禅僧・沢彦宗《たくげんそう》恩《おん》を開山として、政秀寺《せいしゅうじ》を建立する。この後、信長は平手政秀の祖が使用した〝上総介《かずさのすけ》〟を名乗る。

（一一）　親衛隊、出撃す

天文二二年四月十七日、七七日《しちしちにち》の満中陰《まんちゅういん》四十九日の政秀の法要を政秀寺で終えた信長は、親衛隊を引き連れ、今川へ寝返った山口左馬助父子と鳴海赤塚で激突する。親衛隊だけで出撃した初陣である。この〝鳴海赤塚の戦い〟に至る経緯について。

信秀の旧臣、鳴海《なるみ》城（緑区）の山口左馬助教継は子の山口九郎二郎を鳴海城に置き、笠寺に〝取出・要害を構え〟そこに今川勢を入れ、信長に反旗をひるがえした。そして、自分は笠寺の並び中村にも取出を構え、更に大高城（緑区）・沓懸城（豊明市）を調略し奪い、尾張の東部深く今川の楔を打ち込んだ。これは、信長にとっても尾張にとっても重大事件である。

信長としては、清須の動きが気になるところではあるが、何としてでも、この東部の今川の楔をたたいておきたかったのである。信長が心配した通り、七年後の桶狭間の戦いの際は、正しくこの地域を中心とした合戦になった。

八百の隊を率いた信長は、鳴海の北、赤塚で倍する鳴海城主山口九郎二郎の千百と互角に戦い、同日、那古野城に帰城。三〇騎余の犠牲者を出し、勝敗がつかなかったが、親衛隊強しを確信した信長であった。

こうした状況の中、四月下旬、斎藤道三から会見を申し込まれた信長は、尾・濃の国境の寺内に在家七百軒を抱える冨田《とみだ》の聖徳寺（稲沢市・旧尾西市）で舅《しゅうと》道三と初対面した。

信長は同盟を固める絶好の機会であると考え、自慢の親衛隊を道三に披露するとともに、示威し、色々工夫を凝らし、道三の心に強い印象を与えようとしたのである。その示威と工夫について、「信長公記」は次のように記す。

①示威について

信長は親衛隊の〝御伴衆七・八百威勢良く並ばせると、先に健脚な足軽を走らせ、三間中柄の朱やり五百本ばかり、弓・鉄砲五百艇〟の隊が続く。まるで戦場に赴く様子を演出しつつ、武器面で道三方を上回り、見劣りした道三方に衝撃を与える。

②工夫

会見場に着く前の信長の身なりは例の〝大うつけ〟の異様な姿・衣装であったが、会見場には正装で現れて威儀を示し、このギャップで道三と家臣を驚かそうとした。

この信長の作戦は功を奏し、〝されば無念であるが道三の子供たちは、あのたわけの家来となることは間違いないと言えり。これ以降、道三の前で信長のことをたわけと言う者は一人もいなくなった〝と「信長公記」は記している。

明応三年（一四九四年）生まれの六〇歳の道三は、二〇歳の信長に並々ならぬ大将としての器をみたのであろう。

七月一二日、前年から始まった清須衆との戦いは転機を迎える。守護の斯《し》波義統《ばよしむね》が信長と通じていると疑心暗鬼になった清須衆は、子の義銀が川狩に出かけた手薄に乗じ、城内にある居館を襲って義統《よしむね》を殺害してしまったのである。義銀は那古野城に逃れ、信長は守護を殺害した守護代大和守家の清須衆を討つという口実を得る。

七月一八日、実弟信勝の臣、柴田権六勝家と共に清須衆を撃破、河尻・織田三位ら主だった武士三〇騎程討ち取る。ここにきて清須衆は急激に弱体化し、清須城の攻略は最早時間の問題となった。尚、この合戦の時、信長方として戦った足軽衆の中に「信長公記」の作者で、大永七年（一五二七年）尾張春日井郡山田庄安食《あじき》生まれの二八歳の太田又助（牛一）が初登場していることを明記致し度い。

そのような情勢の中既に信長はその注力を東の今川の動向に移していた。

信秀の代から同盟関係にある尾張智多郡緒川（東浦町）城主水野信元から、

信長と水野を遮断すべく、今川が村木《むらき》（東浦町森岡）に砦を築いた故、攻撃の援軍を求むとの要請が届いていたからである。

信長は出陣を信元に伝えると、留守を守る為、道三に援軍を依頼した。

第八章　英雄信長、〝なごや〟から羽搏く

（一）親衛隊、遠征す

天文二三年（一五五四年）正月二一日、前日に那古野の留守居役として道三より派遣された安藤伊賀守守就《もりなり》率いる軍勢千程が那古野城に近い志賀・田幡の陣を敷いたのを見舞った二一歳の信長は、〝ものかわ〟という馬に跨り、威風堂々、初の遠征として那古野城を出撃した。

この時の遠征模様を記している「信長公記」から、信長の四つの特徴と考

えを知ることができる。

①戦時に於いては、同盟者の信頼を得る為、常識を逸脱するのも常識である。

〝正月廿一日、熱田に宿泊。廿二日、この外の大風。渡海は無理と水主《かこ》・舵取たちが申すのを、信長は源平合戦の折、大阪の渡辺・福島にて逆櫓《さかろ》を付けるか否かで争った時もこのような風であったであろう、是非舟を出しなさい、と無理に舟を出させ、二〇里ばかりを一時間程で着岸した。〟

この結果、予定通り水野信元と作戦会議が持て、同盟者・水野信元の信頼を勝ち得ることができたであろう。

②自ら最前線に立ち、敵の情勢を把握すると共に、先頭を切ることで隊員の戦闘力向上に繋げる。

〝信長は、敵城（村木砦）の堀端に進み、狭間三つを請負うと言って、鉄砲を取りかえ引きかえ狙撃し、攻めを命じる為、兵は我も我もと攻めのぼり塀をつき崩した。〟

③戦後、死者・負傷者を直接見舞い、リーダーとして感謝を述べ、成果を共有する。

〝数知らず負傷者・死者が出て、目も当てられない有様で・・・信長は本陣に居て、それもそれもを仰せられ感涙を流されたことであった。〟

④戦国期、同盟国に信頼される為、武威と成果を示す。

〝信長は留守居の安藤伊賀守の陣所を訪ね、礼を述べた。伊賀守は道三に詳しく物語ったところ、道三は、すさまじき男だ、隣にはいやなやつがいるものだと（感心した）。〟

これは、何度も修羅場を潜り抜けてきた道三流の言ではある。


余談ではあるが、信長についての話題を二つ。

一つ目は、桶狭間の戦い以前の二〇代前半の若い信長の実力と将来性を逸早く見出した戦国武将が二人居たという話。

一人は斎藤道三、もう一人が越前の朝倉太郎左衛門尉教景《のりかげ》（宗滴《そうてき》）（文明一〇年（一四七八年）〜弘治元年（一五五五年））である。

教景は亡くなる弘治元年、加賀一向一揆を討つ為、七八歳で出陣するなど、多年に渡り朝倉氏の大黒柱として活躍した歴戦の北陸の老雄である。その教景が生前残した言葉を近臣が記録した、「朝倉宗滴話記《わき》」に人使いの上手な手本と言うべき人として今川義元・武田信玄・毛利元就・織田信長の四人を挙げた上で、

〝此上は、唯今、相果候ても、毛頭存残儀なく（思い残すことはないが）、但今三年存命仕度候（もう三年生き延びていたい）・・・全命を惜候事にてはなく候（全く命を惜しいわけでなく）織田上総介方行末を聞届度念望計の事〟

とその話記の末尾にあるように、

〝ただ織田上総介（信長）が今後どうなっていくか、見届けたいという願いがあるのである。〟と語るなど、信長への関心には鬼気迫るものが感じられる。

教景は村木砦の戦いの翌年の九月八日、陣中で没したことを考えると、恐

らく、この村木砦の戦いで、道三の援軍を上手に使い、勇躍、遠征した信長に道三と同じく百戦錬磨の老雄・教景は徒ならぬ気配を感じ取っていたのであろう。

その後、信長は今川義元を討ち、かつて教景が支えた朝倉義景を教景没後一三年目に討つことになる。

二つ目は、信長は大人になって生涯人前で三度泣いたと伝わる話。

一回目が政秀の自害と葬儀の天文二二年（一五五三年）、信長二〇歳の時。

二回目が村木砦を攻略した天文二三年（一五五四年）、信長二一歳の時。

三回目が平手政秀の孫・汎秀が信玄との三ヶ原の戦いで討死し、汎秀の首が信長に送られてきた元亀三年（一五七二年）、信長三九歳の時。

ともあれ、この村木砦の攻防戦で、隊は最強集団であると再確認した信長は、一刻も早く尾張統一し、今川勢に立ち向かわねばならぬと決意したことであろう。が、その一方で、焦って〝隊を消耗させない〟戦いをすることも極力考案していたに違いない。

（二）英雄信長、〝なごや〟から羽搏く

天文二三年（一五五四年）四月一九日、清須衆に対して蒔いた種が芽を吹く。織田孫三郎信光が、清須の守護代（織田彦五郎信友、或は勝秀）大和守家の内で唯一残っていた宿老・坂井大膳から、〝信光と共に守護となり、領地を二人で分けよう〟という守護代自身の勢力回復を狙った申し出を承諾し、

その共謀者として清須城の南矢蔵に入ることに成功した。

その一方で信長は、清須城を渡すなら尾張下四郡を庄内川を境に東西に分割して各々支配し、那古野城は信光に渡すと約束していたのである。

翌日四月二〇日、計画を察知した大膳は駿河の今川氏のもとに逃亡したが、信光は信長との約束通り、守護代を自害させ、清須城を手に入れ、信長に引き渡した。

ここに、文明一一年（一四七九年）織田敏定が守護代として清須城に拠って、尾張南部の下四郡を支配して以来七五年、父・信秀が生涯気づかいしてきた守護代大和守家を、信長は二一歳にしてついに葬ったのである。

と、同時に初城主・元服・初陣・結婚・父と宿老の死・親衛隊構築・尾張統一戦と数々の思い出と業績を残し、生涯最も長く居城した信長の那古野時代は終った。

その後の那古野城である。

約束通り、尾張下半国の東部を得た織田信光は、那古野城主となる。しかし、七ヶ月後の一一月二八日、〝織田孫三郎殿所害。於那古野城也。〟（「定光寺年代記」）とある。

信光を殺害したとされる信光の家臣の背後に、将来対抗勢力となることをおそれた信長。或いは清須城落城の折、信長の抵抗勢力の中心者であった守護代の家臣・坂井大膳が今川義元を頼って落ちのびたことから今川義元。など諸説がある。しかし、結果は信長にとって幸運であった。

信長は那古野城を取り戻し、宿老・林佐渡守秀貞に預ける。

那古野城は秀貞が信長に謀反した弘治二年（一五五六年）八月以降、廃城となる。

その後、信長が尾張を統一するまでを駆け足で辿ってみる。

翌、弘治元年（一五五五年）から、実弟・信勝との戦いが本格化する。

この戦いの中で、弾正忠家一族内の争いが相次ぐも、全てにおいて信長が上手であった。

天文二三年（一五五四年）甲・相・駿三国同盟が成り、背後の憂いが一掃され、今川氏の尾張侵攻が現実味を帯びた。直後の弘治元年（一五五五年）、軍師・雪斎が病死し、尾張侵攻は遅れ気味になり信長にとって、尾張統一の時を稼ぐことになる。

が、福の後に禍が来るのは世の常。弘治二年（一五五六年）、最大の支援者、道三が嫡男義龍と争い、四月二〇日、長良川畔で敗死すると、丹羽郡岩倉城の織田伊勢守、更に庶兄の信広などが義龍に通じるなど、反信長勢力が蜂起する。しかし、信長は精鋭隊で撃破。

永禄元年（一五五八年）一一月二日、度重なる信勝の謀反に対し信長は、実弟・信勝を清須城に誘い出し殺害。

永禄二年（一五五九年）尾張上四郡を支配してきた岩倉城主織田伊勢守織田信賢《のぶたか》を攻め降伏させ、ここに尾張統一成る。

この年の二月、上洛して将軍・義輝に謁見、尾張統一を報告し、この際、恐らく主目的であったであろう堺の湊などを見学している。

そして翌年永禄三年（一五六〇年）五月一九日、二七歳の信長は後世に名を残す桶狭間の合戦で今川義元を討ち取る。

この戦いは、機動力ある戦闘集団を率い、リーダー自ら最前線を見極め、敵の大将首一点に絞った戦術に対し、数で押し出した義元が一瞬の隙をつかれ敗れたものである。

祖先の今川範国が足利尊氏に認めさせた今川那古野氏の那古野の地まであと一歩まで迫った時、義元は範国の代から伝えられてきた軍旗〝赤鳥の旗〟が熱田台地の北端、那古野の地に翻る情景はもう、其処にあると確信したであろう。

遅れた実弟の仇討ちが義元の遠征の理由ではないとしても、その気持ちが心の底に幾許かはあったことは否定できなかったと思われる。

桶狭間の合戦まで信長は一三戦一〇勝一敗二分、勝率九一％という驚異的な勝ち方であった〔補⑯〕。

これも、那古野在城の時、周りが〝大うつけ〟という中、意に介せず、ひたすら戦闘集団の構築に専念していた信長の勝利である。

天文一〇年（一五四一年）八歳から、天文二三年（一五五四年）二一歳迄、信長の居城として一三年間。弾正忠家の在城として、天文七年（一五三八年）から弘治二年（一五五六年）迄の一八年間。那古野城は信長の育成、そして躍進を見続けてきた。

そして今、その那古野城から大きく羽搏こうとしている。重ねて謂うがそれは尾張国の統一に向けて、抵抗勢力を鎮めるだけの軍事力がこの那古野時代に構築できたからであった。

結局、信長は〝なごや〟から英雄五君の一人となるべく羽搏いていったと言えよう。

〔補⑯〕
永禄元年（一五五八年）三月七日、尾張内部の春日郡に打ち込まれた、三河の松平家次が守る品野城（瀬戸市）に付城《つけ》を築き、攻略中のところ、夜逆襲を受け、五〇人程打ちとられ敗退した。

（三）　悠久たる〝なごや城〟

信長の那古野城が廃城となって四五年目。慶長五年（一六〇〇年）、尾張の初代藩主となる徳川家康の九男、義直《よしなお》（初名、義利）が誕生する。

その義直が二代将軍秀忠より〝尾張国一円領知状〟を与えられ、父家康に随い清須城に入った翌年の慶長一五年（一六一〇年）、家康は山下氏勝の進言をとりあげ、今川那古野氏、織田信長の居城であった那古野城址を拡大し、名古屋城を築城することを決定する。信長が那古野城から羽搏いてから五五年目のことである。

尚、山下氏勝は義直の生母、於亀《おかめ》の方の妹婿で、その於亀の方（相応院）

の実家は石清水《いわしみず》八幡宮（京都府八幡市）の社家、清水（志水）氏である。

以後、清須城下の武家・町屋・寺社等が名古屋城下に移転（〝清須越〟）、名実共に名古屋は尾張における政治・経済・文化の中心となる。

二代光友《みつとも》、七代宗春《むねはる》、一四代慶勝《よしかつ》など名君を輩出した尾張藩は義宜《よしのり》まで一六代続き、蓬左城《ほうさじょう》・柳《りゅう》が城・鶴ヶ城・金城などの異名をもつその居城、名古屋城は昭和五年（一九三〇年）一二月一三日、国宝（城郭国宝第一号）に、同七年城域全部が史跡に指定される。が、昭和二〇年（一九四五年）五月一四日戦災により国宝建造物は焼失した。

しかし、幸いにも、当時の技術の粋を極めたといわれる近世城郭御殿である本丸御殿の障壁画、天井板画は各々三三一点が事前にとりはずしてあったため焼失をまぬがれ、現在、全て重要文化財となっている。

尚、天守閣や御殿などを撮影した写真原板、及び昭和七年（一九三二年）から始められた実測調査で製作された実測図なども疎開して焼失を免れている。

今川那古野氏の居城として二〇〇年、信秀・信長の城として一八年、そして尾張徳川の居城として凡そ二六〇年、合わせて五世紀に近いまさに華々しい〝なごやの城物語〟である。

この三世代を世代毎に〝なごや城〟の悠久たる物語としてPRすれば、歴史的な魅力は三倍となり、名古屋にとって大きな歴史的観光資源になる。

既に復元された名古屋城本丸御殿に続き、凡そ、四〇〇年前の姿に復元しようとする名古屋城の天守閣木造計画がある今、それはビッグチャンスとなろう。
名古屋は実にすばらしい歴史的財産に恵まれているのである。

(四) そして、〝なごや〟は〝名古屋〟となる。

最後に触れておかねばならないことがある。〝なごや〟と〝名古屋〟についてである。

〝なごや〟の用字は第四章(三)でみてきたように様々表記されてきたが(他にも〝浪越〟〝名残谷〟あり)、慶長一六年(一六一一年)、徳川家康によって〝清須越〟が始まり、城下が開かれた頃から、〝名古屋〟と〝那古屋〟

〝名護屋〟が併用されていたものが次第に〝名古屋〟に定まり（文化一四年一八一七年頃編たる「蓬左遷府記稿」に〝百年以来は名古屋と書す〟）、そして、ついに明治三年（一八七〇年）四月一五日、名古屋藩監察令により〝なごや〟の用字は〝名古屋〟と決まった。

安元二年（一一七六年）建春門院平慈子の没後、建春門院法華堂を本所とする皇室領となる〝那古野〟即ち〝なごや〟の地は、その後、土豪名兒耶氏、今川那古野氏、織田氏、徳川氏など凡そ七世紀の統治を経て〝なごや〟は〝名古屋〟となったのである。

（尚、現在の自治体名、名古屋市となるのは明治二二年一八八九年である）

【著者略歴】

服部　徹（はっとり・とおる）

名古屋市在住。慶應義塾大学法学部卒。

地域の文化・歴史と尾張時代の織田信長の研究に意欲。

著書に『大高と桶狭間の合戦』（中日新聞社刊）、『信長四七〇日の闘い』『諫死にあらず』『信長の鷹』『信長の残照』（以上風媒社刊）などがある。

英雄は〝なごや〟から羽搏く
―信長に天下統一の礎を与えた
驚くべき〝なごや〟の歴史―

二〇一八年九月二十日　初版第一刷発行

著　者　服部徹
発行者　谷村勇輔
発行所　ブイツーソリューション
〒四六六・〇八四八
名古屋市昭和区長戸町四・四〇
電　話　〇五二・七九九・七三九一
ＦＡＸ　〇五二・七九九・七九八四
発売元　星雲社
〒一一二・〇〇〇五
東京都文京区水道一・三・三〇
電　話　〇三・三八六八・三二七五
ＦＡＸ　〇三・三八六八・六五八八
印刷所　藤原印刷

万一、落丁乱丁のある場合は送料当社負担でお取替えいたします。ブイツーソリューション宛にお送りください。

ISBN978-4-434-24977-8